HORA DA HISTÓRIA 1

Livro do Aluno

Coordenação
Susana Leite

Autores
Susana Leite
Marla Andrade
Teresa Barreiros

Ilustração e Grafismo
Mónica Catalá

CAMÕES
INSTITUTO DA COOPERAÇÃO E DA LÍNGUA
PORTUGAL
MINISTÉRIO DOS NEGÓCIOS ESTRANGEIROS

EMPRESA PROMOTORA DA LÍNGUA PORTUGUESA

LIDEL
Lidel – Edições Técnicas, Lda.

A **Lidel** adquiriu este estatuto através da assinatura de um protocolo com o **Camões – Instituto da Cooperação e da Língua**, que visa destacar um conjunto de entidades que contribuem para a promoção internacional da língua portuguesa.

EDIÇÃO E DISTRIBUIÇÃO

Lidel – Edições Técnicas, Lda.
Rua D. Estefânia, 183, r/c Dto – 1049-057 Lisboa
Tel.: +351 213 511 448
lidel@lidel.pt
Projetos de edição: editoriais@lidel.pt
www.lidel.pt

LIVRARIA

Av. Praia da Vitória, 14 A – 1000-247 Lisboa
Tel.: +351 213 511 448
livraria@lidel.pt

Copyright © 2018, Lidel – Edições Técnicas, Lda.
ISBN edição impressa: 978-972-757-885-6
1.ª edição impressa: agosto 2018
Reimpressão de junho 2019

Ilustração e grafismo: Mónica Catalá
Pré-impressão: Carlos Mendes
Impressão e acabamento: Cafilesa – Soluções Gráficas, Lda. – Venda do Pinheiro
Depósito legal: 444503/18

Capa: Mónica Catalá

CD/Faixas Áudio
Vozes: Adriana Moniz, André Raimundo, Bárbara Lourenço, Carolina Guimarães, Paulo Espírito Santo, Simão Guerreiro, Vicente Galvão, Violeta Galvão

Direção Musical: Paulo Espírito Santo
Coro: Carolina Guimarães, Simão Guerreiro, Vicente Galvão, Violeta Galvão
Instrumentos: Guitarras – Ricardo Almeida, Paulo Espírito Santo/Teclado: Hugo Sarmento

Execução Técnica: Emanuel Lima
℗ & © 2018 – Lidel
Ⓛ SPA
Todos os direitos reservados

Todos os nossos livros passam por um rigoroso controlo de qualidade, no entanto, aconselhamos a consulta periódica do nosso *site* (www.lidel.pt) para fazer o *download* de eventuais correções.

Reservados todos os direitos. Esta publicação não pode ser reproduzida, nem transmitida, no todo ou em parte, por qualquer processo eletrónico, mecânico, fotocópia, digitalização, gravação, sistema de armazenamento e disponibilização de informação, sítio *Web*, blogue ou outros, sem prévia autorização escrita da Editora, exceto o permitido pelo CDADC, em termos de cópia privada pela AGECOP – Associação para a Gestão da Cópia Privada, através do pagamento das respetivas taxas.

Índice

De onde és? .... Página 5
- Localizar Portugal no mundo / Identificar símbolos culturais portugueses e dos países de língua portuguesa

Unidade 1. Quem somos? .... Página 9
- Apresentação / Números / Uma festa de aniversário / Línguas / Nacionalidades / Países / Alfabeto / Meses do ano
- Pronomes e advérbios interrogativos (como, onde e quantos) / Presente do Indicativo dos verbos chamar(-se), morar, ter, ser, fazer, brincar, falar / Nomes: género e número
- Hora da História: Clarinha

Unidade 2. A escola .... Página 31
- Material escolar / Disciplinas / Dias da semana
- Revisão de verbos regulares (-ar, -er) pintar, aprender, precisar (de) / Plural dos nomes / Artigos definidos (o, a, os, as) / Artigos indefinidos (um, uma, uns, umas) / Determinantes possessivos
- Hora da História: O aluno do mágico

Unidade 3. Tempos livres .... Página 59
- Atividades de tempos livres / Instrumentos musicais
- Verbos detestar, gostar, adorar, não gostar, tocar / Advérbios de tempo (sempre, nunca, raramente) / Locuções adverbiais (às vezes, muitas vezes) / Pronomes e advérbios interrogativos (onde, quando, (o) que, (a) que) / Contração das preposições de, em, a
- Hora da História: Os brinquedos mágicos

Unidade 4. Desportos e brinquedos .... Página 87
- Desportos / Brinquedos
- Verbo estar a + Infinitivo / Verbo querer + Infinitivo/nome / Verbos brincar, tocar, jogar / Futuro próximo / Conjunções (e, mas, porque)
- Hora da História: Os desportos das três mourinhas

Unidade 5. A rotina diária .... Página 113
- Rotina diária / Horas
- Verbos relacionados com a rotina diária / Verbos reflexos / Contração da preposição a / Quantificadores muito, pouco
- Hora da História: O banho diário da princesa

Unidade 6. Alimentação .... Página 139
- Alimentos / Hábitos alimentares / Receitas / Utensílios de cozinha / Refeições
- Determinantes demonstrativos (este, esta, esse, essa, aquele, aquela) / Imperativo / Verbos dizer, fazer, ser, ouvir
- Hora da História: Comida sem sal

Festas e celebrações .... Página 171
- Natal / Ano Novo / Carnaval / Dia do Pai / Páscoa / Dia da Mãe / Dia de Portugal, de Camões e das Comunidades Portuguesas

1. Observa o cartaz com o mapa-mundo.

1.1. Tenta encontrar Portugal.

1.2. Procura o teu país.

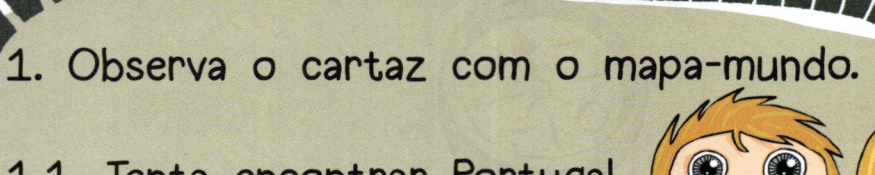

2. Observa agora o mapa da Europa.

2.1. Completa a frase de acordo com o mapa.

Portugal fica na <u>Europa</u> entre a <u>Espanha</u> e o <u>Oceano</u> <u>Atlântico</u>.

3. O que é que é português?
Liga as imagens a Portugal.

4. Conheces cidades portuguesas? Se sim, escreve o seu nome.

Lisboa, Vilamoura, Vila Sol, Cascais, Faro,

5. Organiza grupos e faz uma competição utilizando os cartões sobre Portugal e os países de língua portuguesa.
Ganha a equipa que acertar em mais respostas.

a) A nossa história

 **1. Ouve e lê.**

Quem somos

O João e a Mariana moram no Porto e são do Porto. Mas a sua família é de Braga. Eles são primos, têm a mesma idade e frequentam a mesma escola.

À tarde ficam em casa da avó e fazem os trabalhos de casa juntos.

A mãe da Mariana vai lá buscá-la depois do trabalho, muitas vezes quase à hora do jantar. Mas a casa da Mariana é perto da casa do João e, por isso, muitas vezes jantam todos juntos na mesma casa.

 **1.1. Assinala V (verdadeiro) ou F (falso).**

a. Eles não moram em Braga.
b. Eles moram longe um do outro.
c. Eles separam-se sempre à hora do jantar.

b) Nas aulas de Português

1. Responde e completa.

a. Quantas letras tem o alfabeto?
   E 26 letras no alfabeto.

b. Completa o alfabeto com letras minúsculas.
   a b c d e f g h i j k l m n o p q r s t u v w x y z.

c. Completa o alfabeto com letras maiúsculas.
   A B C D E F G H I J K L M N O P Q R S T U V W X Y Z.

d. Completa o quadro.

As vogais	As consoantes
a e i o u	b c d f g h j k l m n p q r s t v w x y z

2. Ouve e completa.

João: Olá! Como te chamas?
Marie: Chamo-me Marie. E tu?
João: _Chamo-me_ João.
Mariana: Eu sou a Mariana, e tu?
David: Olá! Eu _sou_ o David.
Mariana: Quantos anos tens?
David: Eu _tenho_ 8 anos. E tu?
Mariana: Eu tenho 8 anos e o João também.
Marie: Eu tenho 9.
João: Onde moras?
Marie: Eu _moro_ no Porto.
Mariana: De onde é a tua família?
Marie: A minha família _é_ da Alemanha.
Mariana: Tu já falas bem português!
Marie: _tenho_ aulas de Português na escola.

3. Responde às seguintes perguntas.

a. Como te chamas? _Chamo-me Kaia._
b. Quantos anos tens? _Tenho 10 anos_
c. Onde moras? _Moro em Kingston_
d. De onde és? _É de Kingston_
e. De onde é a tua família? _Portugal e Sweden_

	Morar	Chamar-se	Ser	Ter
Eu	moro	chamo-me	sou	tenho
Tu	moras	chamas-te	és	tens
Ele/ela	mora	chama-se	é	tem
Nós	moramos	chamamo-nos	somos	temos
Vocês	moram	chamam-se	são	têm
Eles/elas	moram	chamam-se	são	têm

4. Escreve os números por extenso.

1 _Um_
3 _Tres_
12 _Doze_
16 _Dez e seis_
17 _Dez e sete_

18 _Dez e oito_
30 _Trinta_
6 _seis_
25 _Vinte cinco_
10 _Dez_

treze 13

5. Legenda as imagens de acordo com o mês respetivo.

**novembro - agosto - janeiro - abril - fevereiro - dezembro
julho - março - setembro - junho - outubro - maio**

Aprende, faz e serás um ás

O verbo fazer é irregular.

Quando fazes anos? = Quando é que (tu) fazes anos?

6. Lê o diálogo.

David: Quando fazes anos?
João: Eu faço anos no dia 4 de outubro. E tu?
David: Eu faço anos no dia 23 de janeiro.

 **6.1. Sublinha as formas do verbo fazer no Presente do Indicativo.**

a. Eu faço anos em janeiro.
b. Tu fazes anos em julho.
c. Ele faz anos em novembro.
d. Nós fazemos anos em abril.
e. Vocês fazem anos em março.
f. Elas fazem anos em junho.

 **6.2. E tu? Responde.**

a. Quantos anos tens? _____
b. Quando fazes anos? _____

7. Lê a lengalenga em conjunto com a turma.

Trinta dias tem novembro,
abril, junho e setembro;
de vinte e oito há só um
e os outros têm trinta e um.

c) Na tua sala de aula

1. Completa o quadro.

Chamar-se	Morar	Ter	Ser
Eu _chamo_-me Sofia.	Eu _moro_ em Vila Nova de Gaia.	Eu _tenho_ 30 anos.	Eu _sou_ portuguesa.
Tu _chamas_-te David.	Tu _moras_ no Porto.	Tu _tens_ 8 anos.	Tu _és_ alemão.
Ela _chama_-se Mariana.	Eu _moro_ em Aveiro.	Ela _tem_ ~~smallpox~~.	Ele _é_ chinês.
Nós _chama_-nos _Julia_.	Nós _moramos_ em Portimão.	Nós _temos_ uma professora.	Nós _somos_ franceses.
Vocês _chamam_-se _Olive_.	Vocês _moram_ na Madeira.	Vocês _têm_ ~~problemas~~.	Vocês _são_ alemães.
Eles _chamam_-se _Alessandro_.	Elas _moram_ nos Açores.	Eles _têm_ ~~arcada~~.	Elas _são_ inglesas.

2. Quais são os verbos parecidos entre si? Sublinha-os com cores diferentes.

chamar   ser   morar   ter

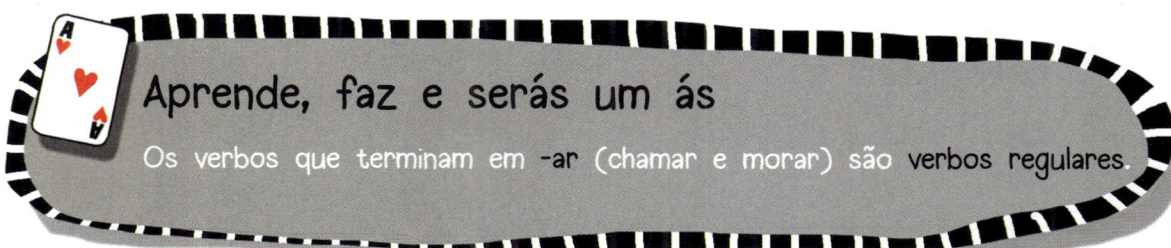

Aprende, faz e serás um ás

Os verbos que terminam em -ar (chamar e morar) são verbos regulares.

3. Completa as frases.

a. Ele _____é_____ (ser) o David.

b. O João e a Mariana ___moram___ (morar) no Porto.

c. Tu ___chama-te___ (chamar-se) João.

d. Vocês ___têm___ (ter) 8 anos.

4. Entrevista o teu colega.

a. Como te chamas?
b. Quantos anos tens?
c. Onde moras?

4.1. Escreve as respostas e apresenta-o à turma.

_____
_____
_____
_____

5. Retira um cartão do envelope e faz a apresentação de pessoas famosas com base na informação do cartão.

d) Em casa da avó

1. Ouve e lê.

A festa de anos

A Mariana faz anos e convida os amigos dela para a festa.
A avó Teresa e a mãe da Mariana fazem os bolos todos.
O bolo de aniversário da Mariana é de chocolate. É o bolo preferido do João. Está todo decorado com chocolates coloridos. Deve estar tão saboroso!
À festa vêm também os vizinhos novos da avó Teresa. É uma família alemã com duas crianças, o David e a Marie. Eles ainda não falam muito bem português, mas andam na mesma escola que o João e a Mariana. Às vezes, brincam os quatro lá em casa da avó e, se têm alguma dúvida de português, todos lhes explicam como é que se diz e escreve.

1.1. Assinala V (verdadeiro) ou F (falso).

a. A Mariana faz anos.
b. O bolo de morango é o preferido do João.
c. A Mariana não convida os novos amigos.

2. Legenda as imagens com as palavras respetivas que encontras no texto.

a. _____

b. _____

c. _____

d. _____

3. Completa com o verbo ser no Presente do Indicativo.

a. Eu ___sou___ português.
b. Tu ___és___ alemão.
c. Ele ___é___ francês.
d. Nós _____ americanos.
e. Vocês _____ espanhóis.
f. Elas _____ brasileiras.

4. O que há na festa de anos da Mariana? Liga as colunas.

a. um
b. uma
c. dois
d. duas
e. três
f. nove
g. quinze
h. vinte

• (2) prendas
• (1) bolo de aniversário
• (9) copos
• (3) balões
• (1) bola
• (2) amigos novos
• (20) guardanapos
• (15) pratos

Aprende, faz e serás um ás

Os números 1 e 2 têm masculino e feminino.

número 1
1 = um bolo
1 = uma bola

número 2
2 = dois amigos
2 = duas amigas

5. Pinta os números pares a verde e os números ímpares a amarelo.

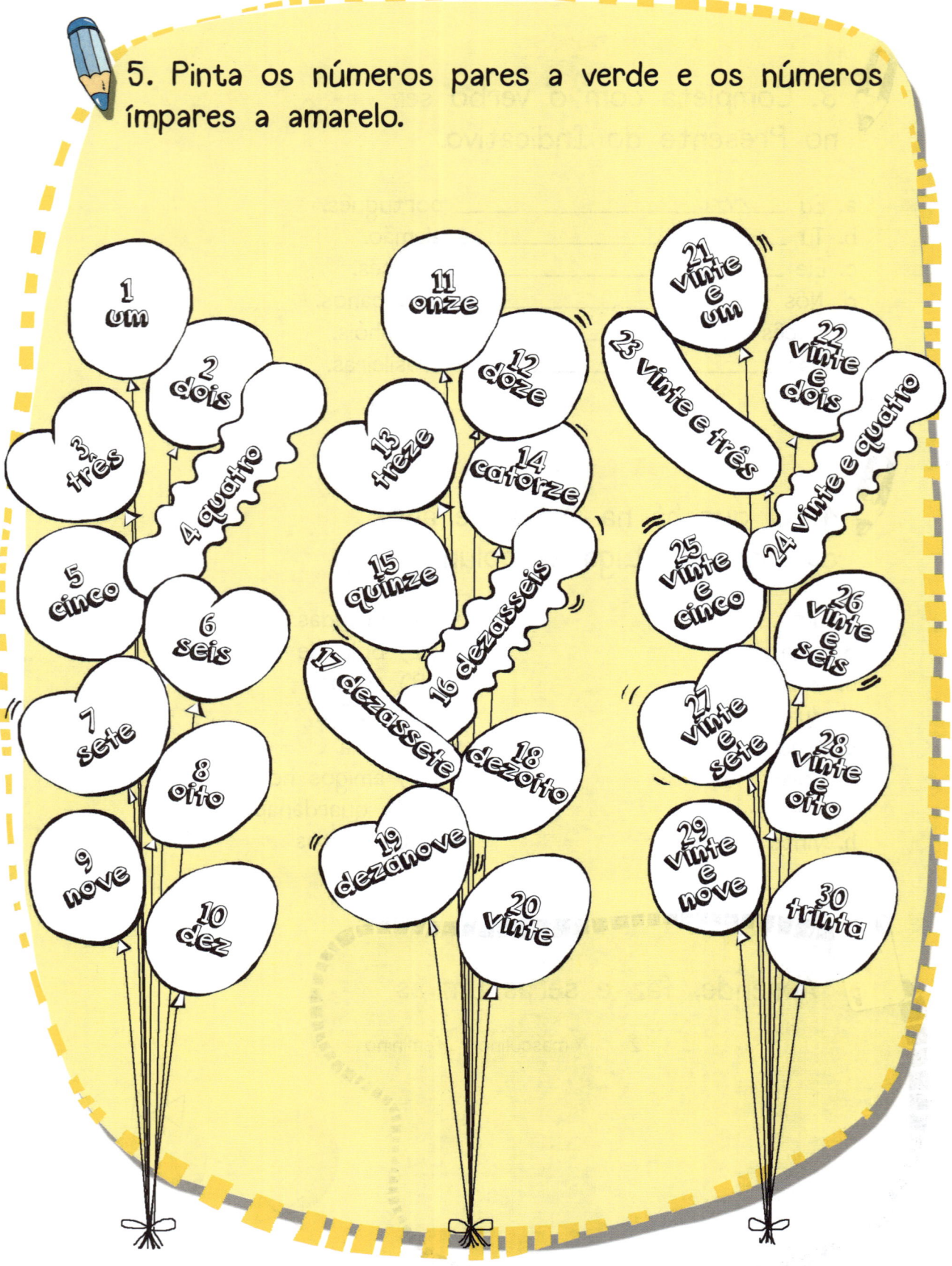

e) Já sei!

Nesta unidade aprendi:

1. Gramática

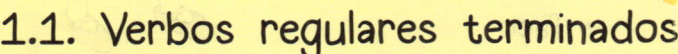

1.1. Verbos regulares terminados em -ar: chamar(-se) • morar • falar • brincar

1.1.1. Preenche a tabela.

Verbos regulares	
Falar	Brincar
Eu falo	Eu brinco
Tu falas	Tu brincas
Ele/Ela fala	Ele/Ela brinca
Nós falamos	Nós brincamos
Vocês falam	Vocês brincam
Eles/Elas falam	Eles/Elas brincam

1.2. Verbos irregulares:
ser • ter • fazer

1.2.1. Liga as formas verbais ao verbo correspondente.

a. ser
b. ter
c. fazer

- são
- tens
- faço
- tenho
- fazes
- és

1.3. Nomes: género e número

1.3.1. Liga os numerais aos nomes, de acordo com o género e o número.

a. duas
b. um
c. uma
d. dez

- família
- amigos
- casas
- bolo

2. Vocabulário

2.1. Meses do ano

2.1.1. Encontra seis meses na sopa de letras.

```
d e z e m b r o
m u i p u a d b
j u l h o i h a
u t c e r s z g
n i v j z a u o
h u m a i o i s
o b m a j i l t
r o u t u b r o
```

TPC

2.1.2. Escreve os meses que encontraste.

_____ , _____ , _____
_____ , _____ , _____

2.2. A festa de aniversário

2.2.1. Liga o singular ao respetivo plural.

a. o bolo de aniversário
b. o sumo
c. o balão
d. o presente
e. a amiga
f. a vizinha
g. o convite
h. o guardanapo
i. o copo de plástico
j. o prato de papel
k. a colher
l. a faca
m. o garfo

- as facas
- os convites
- os sumos
- os garfos
- os guardanapos
- as amigas
- os balões
- as vizinhas
- os pratos de papel
- as colheres
- os copos de plástico
- os bolos de aniversário
- os presentes

2.2.2. Escreve o que há na tua festa de aniversário.

_____
_____
_____

2.3. Números até 30

2.3.1. Joga o Jogo do Loto com a tua turma.

2.4. Línguas, países e nacionalidades

2.4.1. Completa com as nacionalidades, os países e as línguas.

a. O Karl é da Alemanha. Ele é _alemão_ e fala _alemão_.
b. O António é de _Portugal_. Ele é português e fala português.
c. O Pierre é de França. Ele é _francês_ e fala _francês_.
d. A Jessica é dos Estados Unidos. Ela é _americana_ e fala _inglês_.
e. A Cristina é de Espanha. Ela é _espanhola_ e fala _espanhol_.
f. A Marcela é do Brasil. Ela é _brasileira_ e fala _português_.

3. Expressões úteis

- Como te chamas? / Como é que (você) se chama?
- Onde moras? / Onde é que (você) mora?
- Quantos anos tens? / Quantos anos é que (você) tem?
- Quem és? / Quem é você?
- Quando é que fazes anos? / Quando é que (você) faz anos?

4. Apresentação

4.1. Apresenta as personagens do nosso livro.

4.2. Apresenta o teu melhor amigo. Desenha-o no teu caderno e faz a sua descrição.

5. Entrevista os teus colegas e constrói um calendário com as datas de aniversário deles. Coloca-o na sala de aula.

6. Canta os parabéns à Mariana e grava com a tua turma.

Parabéns a você,
nesta data querida!
Muitas felicidades,
muitos anos de vida.

Hoje é dia de festa,
cantam as nossas almas,
prà menina Mariana,
uma salva de palmas!

f) Hora da história

1. Ouve e lê a história connosco.

Clarinha

Era uma vez uma princesa muito bonita chamada Clarinha. Um dia, uma águia má passou na cidade e levou a filha da rainha para um lugar que ela não conhecia. Era o reino do seu noivo, um príncipe muito bonito.

Então, a Clarinha procurou trabalho na padaria, e a padeira aceitou-a. Certo dia, a Clarinha ficou sozinha na padaria, e a águia voltou para a assustar. A Clarinha fechou as portas e as janelas. Mas a águia conseguiu entrar e destruiu tudo na padaria. A padeira ficou muito aborrecida quando viu o prejuízo e mandou a Clarinha embora.

Então, a Clarinha pediu a um comerciante para trabalhar na sua mercearia, e ele aceitou. Mais uma vez, a Clarinha ficou um dia sozinha na loja e, mesmo com tudo fechado, a águia má entrou e destruiu tudo outra vez. Quando o comerciante chegou, ficou muito zangado e também mandou a Clarinha embora.

A Clarinha foi até ao palácio e pediu para ser criada do príncipe, mas não sabia que ele era o seu noivo. E o príncipe não sabia que a Clarinha era a sua noiva.

– Está bem. Ficas a guardar os patos – disse o príncipe. Mas a Clarinha não sabia tratar bem dos patos e o príncipe deu-lhe outra tarefa.

– Vais ser costureira – disse o príncipe.

Um dia, o príncipe decidiu visitar a sua noiva, que ele ainda não conhecia. Antes da viagem, ele perguntou às suas empregadas:

– O que querem que vos traga como prenda?

– Para mim, uma pedra do palácio – pediu a Clarinha.

Quando chegou ao palácio da sua noiva, o príncipe perguntou:

– Onde está a minha noiva?

– Não sabemos dela há algum tempo – respondeu a rainha.

O príncipe ficou muito triste e regressou ao seu palácio com as prendas. A Clarinha recebeu a pedra. Curioso, o príncipe escondeu-se debaixo da cama dela para saber o que ela ia fazer com a pedra. No seu quarto, pensando que estava sozinha, a Clarinha contou a sua história à pedra. No fim, o príncipe saiu debaixo da cama e abraçou a princesa.

– Porque é que só agora descubro que tu és uma princesa e és a minha noiva, querida Clarinha? Eu quero ajudar-te.

– A culpa é da águia. A partir de agora vou ser feliz contigo.

Contentes com o seu reencontro, os príncipes casaram e foram muito felizes.

Fonte: Braga, Teófilo. *Contos Populares Portugueses* in *Biblioteca Digital Online*, pp. 79-81 (versão adaptada; título original: *Clarinha*)

1.1. Como são a princesa e o príncipe desta história? Pinta as imagens.

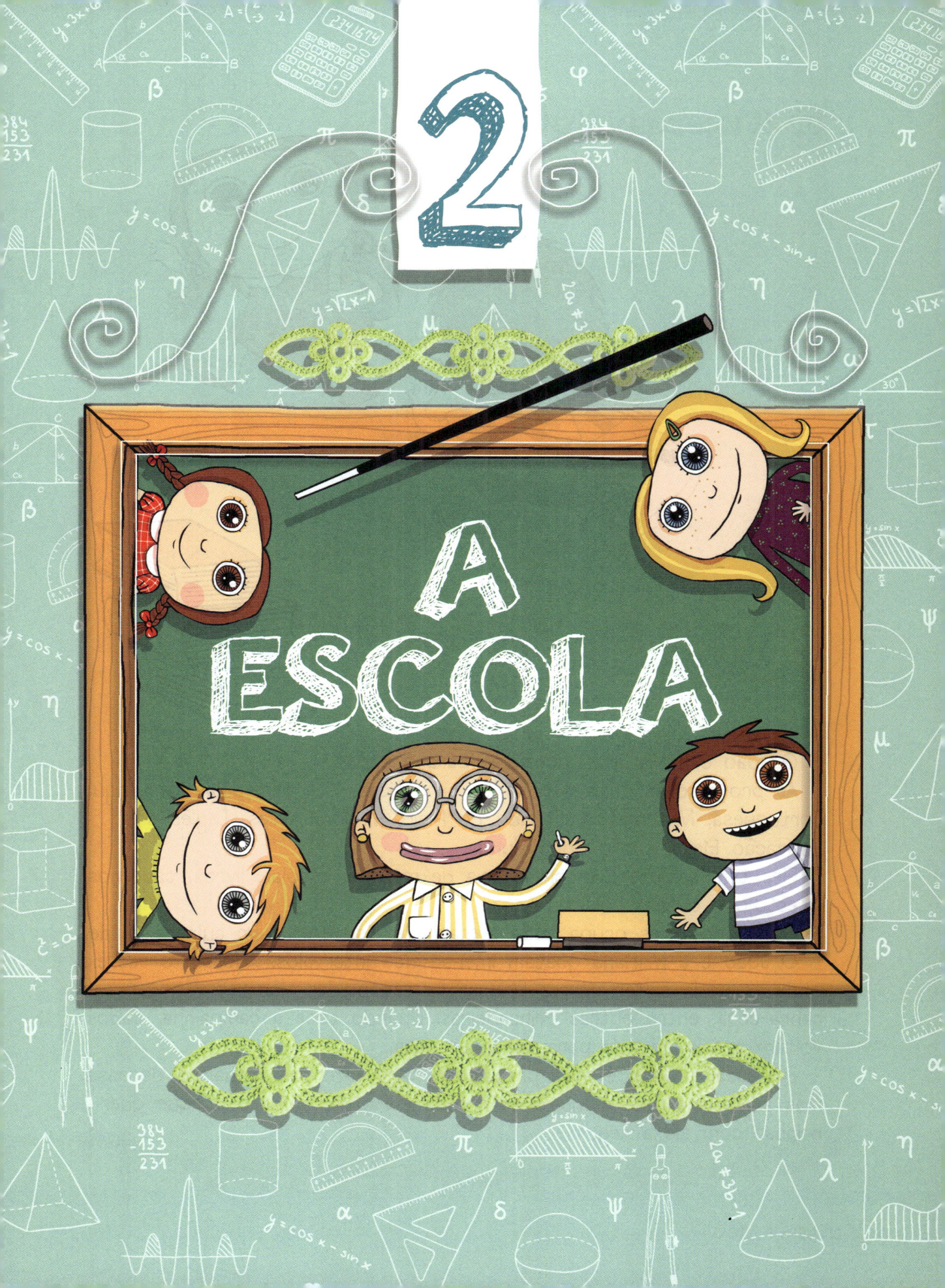

a) A nossa história

1. Ouve e lê.

Na escola

O João e a Mariana adoram ir para a escola.
As professoras deles são muito simpáticas. Eles têm aulas de Língua Portuguesa, Matemática, Estudo do Meio, Música, Artes, Inglês e Educação Física e são bons alunos.
Eles têm sempre a mochila cheia de material escolar: livros, cadernos, o estojo e outras coisas.
O horário deles ocupa toda a manhã e, às vezes, têm aulas à tarde.
O João e a Mariana gostam imenso dos intervalos. Adoram o recreio onde se pode saltar, correr, brincar às escondidas, jogar à cabra-cega, entre outras brincadeiras. Quando toca a campainha, todos voltam à sala de aula para aprender mais.
Em casa, o João é mais preguiçoso para fazer os trabalhos de casa, mas a Mariana, que é muito esforçada e rápida, ajuda-o porque quer brincar com ele a seguir.

1.1. Assinala o tema.

a. Os tempos livres
b. A escola ☒
c. A casa

1.2. Assinala V (verdadeiro) ou F (falso).

a. O João e a Mariana não gostam da escola. F
b. Eles têm aulas de Alemão, Matemática e Desporto. F
c. Eles trazem muitas coisas na mochila. V
d. A Mariana é mais preguiçosa do que o João. F

2. Legenda as imagens com as palavras respetivas que encontras no texto.

a. ____mochila____

d. ____livros____

b. ____cadernos____

e. ____estojo____

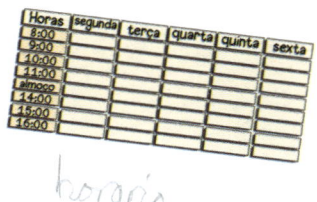
c. ____horário____

f. ____brincadeira____

b) Nas aulas de Português

1. Completa com os artigos definidos o, a, os, as, como no exemplo.

Ex.: o João / a Mariana
o caderno / a caneta
os cadernos / as canetas

a. ___o___ recreio   d. ___os___ livros
b. ___a___ mochila   e. ___o___ Pedro
c. ___as___ tesouras   f. ___a___ Teresa

Aprende, faz e serás um ás

Os artigos definidos o, a, os, as usam-se para designar nomes que tu identificas e conheces.

Em regra os nomes terminados em -o são masculinos e os nomes terminados em -a são femininos. Mas há exceções! Por exemplo: o mapa / o dia.

1.1. Preenche a tabela com as palavras do exercício anterior.

Palavras terminadas em -o, -os (masculino)	Palavras terminadas em -a, -as (feminino)
o regelo os livros o Pedro	a Tereza a mochila as tesouras

2. Observa a imagem.

> Na nossa sala há muito material escolar.

2.1. Qual é o plural dos seguintes nomes?

a. o livro → __os livros__

b. o caderno → __os cadernos__

c. a cadeira → __as cadeiras__

d. a mesa → __as mesas__

Aprende, faz e serás um ás

Os nomes terminados em -a, -e, -i, -o, -u formam o plural com -s.
Os nomes terminados em -m formam o plural com -ns.
Os nomes terminados em -r, -s, -z formam o plural com -es.

Mas atenção: há nomes que não mudam no plural.
Por exemplo: pires, vírus…

2.2. Observa os exemplos e completa.

	-a	-e	-i	-o	-u
Singular	a sala	a estante	o esqui	o armário	o canguru
Plural	as salas	as estantes	os esquis	os armários	os cangurus

	-m			
Singular	a imagem	o homem	a nuvem	o atum
Plural	as imagens	os homens	as nuvens	os atuns

	-r	-s	-z
Singular	o professor	o país	o rapaz
Plural	os professores	os países	os rapazes

Singular	o atlas	o lápis
Plural	os atlas	os lápis

2.3. Escreve o plural dos seguintes nomes.

a. o jardim os jardins
b. a flor as flores
c. o oásis os oásis
d. o marcador os marcadores
e. o bombom os bombons
f. o vírus os vírus
g. o rapaz os rapazes
h. a voz as vozes
i. o par os pares
j. a mulher as mulheres

2.4. O que há na tua sala de aula?

Há um professor, uma professora assistente, dois computadores, duas fotografias, _____, _____.

3. O David e a Marie precisam de mais material para a escola.
Lê o diálogo.

3.1. Completa a lista de compras com os artigos indefinidos um, uma, uns, umas.

Nós precisamos de ___uns___ cadernos, ___uns___ lápis de cor, ___uma___ régua, ___um___ dicionário, ___um___ tubo de cola, ___umas___ canetas, ___uns___ pincéis e ___uns___ marcadores.

Aprende, faz e serás um ás

Um, uma, uns, umas são artigos indefinidos e usam-se para falar de objetos ainda não conhecidos.

Singular	um caderno	uma capa
Plural	uns cadernos	umas capas

4. Ouve e canta.

O pião

Eu tenho um pião,
um pião que dança.
Eu tenho um pião,
mas não to dou não.

(Refrão)
Gira que gira
o meu pião.
Mas não to dou,
nem por um tostão.

4.1. Responde.

a. Qual é o brinquedo que o menino da canção tem?
   um pião
b. O que faz o seu brinquedo?
   Ela gira o pião
c. Ele gosta do seu brinquedo?
   Sim

4.2. Ordena as palavras e constrói frases.

a. novo / Eu / . / tenho / pião / um
   Eu tenho um pião novo.
b. tens / Tu / uma / nova / . / bola
   Tu tens uma bola nova.
c. . / uma / Mariana / tem / simpática / professora / A
   A Mariana tem uma professora simpática.

c) Na tua sala de aula

1. O teu professor vai passar um saco pela turma. O saco está cheio de material escolar. Tira um objeto à sorte e diz o seu nome. Ganha quem acertar em mais objetos.

Usa as seguintes expressões úteis:

O que é isto? De quem é o estojo?
É um estojo. O estojo é do João.
É uma borracha. O estojo é da Marie.

2. De quem é o quê?
Responde às perguntas seguindo o exemplo.

Ex.: De quem é o agrafador?
O agrafador é do David. O agrafador é dele.

De quem é a mochila?
A mochila é da Marie. A mochila é dela.

| O material do David | O material da Marie |

o agrafador	o furador
a fita-cola	os lápis de cera
os marcadores	a caneta corretora

a. De quem é o furador? _____
_____.

b. De quem é a caneta corretora? _____
_____.

c. De quem são os marcadores? _____
_____.

d. De quem são os lápis de cera? _____
_____.

e. De quem é a fita-cola? _____
_____.

3. Lê e analisa as tabelas.

Um possuidor						
Um objeto	o meu berlinde	a minha boneca	o teu elástico	a tua raquete	o seu cubo mágico = o cubo mágico dele/dela	a sua carica = a carica dele/dela
Vários objetos	os meus berlindes	as minhas bonecas	os teus elásticos	as tuas raquetes	os seus cubos mágicos = os cubos mágicos dele/dela	as suas caricas = as caricas dele/dela

Vários possuidores						
Um objeto	o nosso baloiço	a nossa bola	o vosso escorrega	a vossa corda	o carrinho deles/delas	a trotinete deles/delas
Vários objetos	os nossos baloiços	as nossas bolas	os vossos escorregas	as vossas cordas	os seus carrinhos = os carrinhos deles/delas	as suas trotinetes = as trotinetes deles/delas

Aprende, faz e serás um ás

Os determinantes possessivos variam em função do género e número do nome a que se referem.

Ex.: A Mariana tem uma bola. A sua bola é boa para jogar na praia.
A bola do João não é boa para jogar na praia. A bola dele é de basquetebol.

Atenção: com dele, deles, dela, delas o que é importante é o sujeito possuidor.

Os determinantes possessivos usam-se antes do nome.
Dele, deles, dela, delas usam-se depois do nome.

Um objeto pode ter um ou vários possuidores.
Um possuidor pode ter um ou mais objetos.

Ex.: O João e a Mariana têm uma avó.
A nossa avó faz os trabalhos de casa connosco – diz a Mariana.

A Mariana tem duas canetas.
As suas canetas são verde e cor-de-rosa.
As canetas dela são verde e cor-de-rosa.

O pião dele.   Os piões dele.

3.1. Escolhe e completa.

a. A _____minha_____ sala de aula é grande. (meu/minha)
b. O _____teu_____ estojo está cheio. (teu/tua)
c. A _____sua_____ escola é moderna. (seu/sua)
d. O _____nosso_____ recreio tem um jardim. (nosso/nossa)
e. As _____vossas_____ professoras são simpáticas. (vossos/vossas)
f. As _____suas_____ mochilas estão pesadas. (seus/suas)

4. Joga o dominó dos determinantes possessivos.

d) Em casa da avó

1. Observa o horário da Mariana.

	domingo	segunda	terça	quarta	quinta	sexta	sábado
9h00m		Português	Português	2+2=4	Estudo do Meio	2+2=4	
10h00m		Português	Português				
11h00m		2+2=4	🇬🇧	Português		Português	
12h00m		Estudo do Meio		Estudo do Meio		🇬🇧	
13h00m		almoço	almoço	almoço	almoço	almoço	
14h00m				2+2=4			

1.1. Estas são as disciplinas da Mariana. Liga o nome ao respetivo símbolo.

a. Inglês
b. Matemática
c. Música
d. Educação Física
e. Artes

1.2. Responde às perguntas seguindo o exemplo.

Ex.: Quando é que a Mariana tem Português?
Ela tem Português à segunda-feira, à terça-feira, à quarta-feira e à sexta-feira.

a. Quando é que a Mariana tem Matemática?
<u>Quarta Feira, segunda feira e sexta feira</u>

b. Quando é que ela tem Inglês?
<u>Terça feira e sexta feira</u>

c. Quando é que ela tem Música?
<u>Segunda feira e quinta feira</u>

d. Quando é que ela não tem de ir à escola?
<u>Sábado e domingo</u>

1.3. Lê o diálogo.

"A que horas começam as tuas aulas à segunda-feira?"

"As minhas aulas começam às 9 horas."

1.3.1. Responde.

a. A que horas é que a Mariana começa as aulas à segunda-feira?
9:00 AM.

b. É terça-feira. A que horas é que ela tem Música?
Não tem.

c. É quarta-feira. A que horas é que a Mariana tem Português?
11:00 AM.

d. É quinta-feira. A que horas é que ela tem Estudo do Meio?
9:00 AM.

e) Já sei!

Nesta unidade aprendi:

1. Gramática

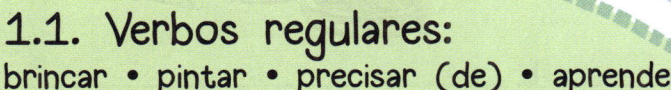

1.1. Verbos regulares:
brincar • pintar • precisar (de) • aprender

1.1.1. Preenche a tabela.

Verbos regulares	
Pintar	Aprender
Eu	Eu
Tu	Tu
Ele/Ela	Ele/Ela
Nós	Nós
Vocês	Vocês
Eles/Elas	Eles/Elas

1.1.2. Escreve uma frase para cada imagem, usando os verbos da tabela anterior.

a. _____   b. _____

_____   _____

1.2. Artigos definidos

1.2.1. Sublinha os artigos definidos.

a. A menina tem uma mochila cor-de-rosa.
b. O menino quer o estojo azul.
c. A professora tem uns livros novos.
d. Os professores têm as canetas bonitas na gaveta.

1.3. Artigos indefinidos

1.3.1. Completa o texto com os artigos indefinidos um, uma, uns, umas.

A Ana vai às compras. Ela precisa de _____ afia-lápis, _____ borracha, _____ cadernos, _____ fita-cola, _____ dossiê e _____ cartolinas.

1.4. Plural dos nomes

1.4.1. Escreve os seguintes nomes no plural.

a. o menino _____   d. o computador _____
b. a escola _____   e. a bola _____
c. a professora _____   f. o caderno _____

1.5. Determinantes possessivos

1.5.1. Completa a tabela com os determinantes possessivos minha, vossa, meu, nossa, tua, vosso, teu, seu (2x), nosso, sua (2x), dele (2x), dela (2x), deles (2x), delas (2x).

	Objeto feminino	Objeto masculino
Eu	a. A _____ borracha é branca.	k. O _____ caderno é azul.
Tu	b. A _____ caneta é transparente.	l. O _____ caderno é cor-de-rosa.
Ele	c. A _____ capa é aos quadrados.	m. O _____ caderno é verde.
	d. A capa aos quadrados é _____.	n. O caderno _____ é verde.
Ela	e. A _____ capa é azul.	o. O _____ livro é vermelho.
	f. A capa _____ é azul.	p. O livro _____ é vermelho.
Nós	g. A _____ escola é amarela.	q. O _____ livro é vermelho.
Vocês	h. A _____ escola é de pedra.	r. O _____ lápis é cinzento.
Eles	i. A régua _____ é castanha.	s. O computador _____ é rápido.
Elas	j. As réguas _____ têm pintinhas amarelas.	t. Os estojos _____ são bonitos.

2. Vocabulário

2.1. Material escolar, disciplinas e dias da semana

2.1.1. Procura nesta unidade palavras relacionadas com material escolar, disciplinas e dias da semana e completa a tabela.

Material escolar	Disciplinas	Dias da semana

TPC

2.1.2. A semana tem sete dias. Escreve-os por ordem.

a. ___ ___ ___ ___
b. ___ ___ ___ ___ -feira
c. ___ ___ ___ -feira
d. ___ ___ ___ ___ -feira
e. ___ ___ ___ ___ -feira
f. ___ ___ ___ -feira
g. ___ ___ ___

3. Expressões úteis

- Na sala há um quadro, dez mesas e vinte cadeiras.
- De quem é o lápis?
- O que é isto?

4. Apresentação

4.1. Escreve o material que existe na tua sala de aula e o material que tens na tua mochila.

A minha sala tem _____
_____
_____.

A minha mochila tem _____
_____
_____.

4.2. No intervalo, o João gosta de jogar futebol ou à apanhada. A Mariana gosta de saltar ao elástico com as amigas ou de jogar à cabra-cega. Conheces estes jogos?
Joga com a tua turma. Só precisas de uma bola, um elástico de dois metros e um lencinho.
O professor explica-te as regras.
Diverte-te durante 15 minutos!

f) Hora da história

Era uma vez...

1. Ouve e lê a história connosco.

O aluno do mágico

Era uma vez um velho mágico que tinha muitos livros de magia e muitos empregados que não sabiam ler. Um dia, o velho mágico aceitou um rapaz como empregado novo porque pensava que ele não sabia ler. Contudo, o criado sabia ler e, às escondidas, leu todos os livros de magia da casa.

Certo dia, fugiu com todos os livros, tornou-se um jovem mágico, e também quis ter empregados. Num dia de feira, ele pediu a um dos seus empregados:

– Vai à feira vender o nosso cavalo mais bonito. Depois da venda, tira o freio ao cavalo!

O velho mágico também foi à feira e reconheceu o jovem mestre, que estava transformado em cavalo. O velho mágico comprou o cavalo, pagou muito depressa e não quis que o criado do jovem mestre tirasse o freio ao cavalo.

– Não. Agora o cavalo é meu – disse o velho mágico.

E ao mesmo tempo pensou:

"Finalmente posso vingar-me!"

O velho mágico foi para casa com o cavalo e disse ao seu criado:

– Leva o cavalo à ribeira porque ele precisa de beber. Mas não lhe tires o freio.

Na ribeira, o cavalo, muito triste, não bebeu a água.

– Vou tirar-te o freio! Assim, se calhar, já consegues beber – disse o criado.

De repente, o cavalo transformou-se numa rã e desapareceu na água. O velho mágico viu aquilo da janela da sua casa e transformou-se num sapo para ir apanhar a rã.

O jovem mágico teve medo do velho mágico, por isso, transformou-se numa pomba e voou. Então, o velho mágico transformou-se numa águia e voou atrás da pomba. Depois de muito voar, a águia quase apanhou a pomba porque esta estava muito cansada. Contudo, a pomba viu uma princesa num terraço, e resolveu cair no colo dela para se transformar num anel valioso. A princesa ficou pasmada e pôs a joia no dedo.

O velho mágico em forma de águia voou para dentro do quarto do rei e pôs veneno num copo de leite.

O rei bebeu o leite e ficou muito doente. Muitos médicos consultaram o rei, mas nenhum foi capaz de o curar. O velho mágico transformou-se em médico e disse:

– Eu prometo curar o rei em troca do anel que a princesa tem no dedo.

Mas a princesa não gostou do pedido do médico e atirou o anel para o chão. Nesse momento, o anel transformou-se numa romã. Os bagos soltaram-se e espalharam-se pela sala. O velho mágico transformou-se em galinha e comeu todos os bagos menos um, que ficou atrás da porta. Este bago transformou-se numa raposa e comeu a galinha num instante. A princesa ficou muito pasmada, e disse à raposa:

– Transforma-te em príncipe e caso contigo.

O jovem mágico assim fez. Casaram-se e foram felizes para sempre.

Fonte: Braga, Teófilo. *Contos Populares Portugueses* in *Biblioteca Digital Online*, p. 29 (versão adaptada; título original: *O Mágico*)

Caixinha de palavras:

aluno = aprendiz
pasmada = admirada
transformar = mudar de forma, tornar diferente

1.1. Em que é que o mágico e o aluno se transformaram? Completa.

Aprendiz	Mágico

1.2. Com quem se casou a princesa?
_____.

a) A nossa história

1. Ouve e lê.

Planos para o fim de semana

Mariana: Olá, Marie!
Marie: Olá!
Mariana: Hoje é sexta-feira! O que vais fazer este fim de semana?
Marie: Amanhã de manhã vou à natação com a minha mãe. Depois vou almoçar com o meu pai, a minha mãe e o David, no centro comercial. E tu?
Mariana: Amanhã vou ficar em casa com a avó e o meu irmão. Depois do almoço, vou brincar com o João e, mais tarde, vou cantar.
Marie: Vais cantar?!
Mariana: Sim, vou cantar no espetáculo da escola e tenho de ensaiar. No final do ano, no dia do espetáculo, também apresentamos competições de desporto. Estamos a preparar uma competição de ténis.
Marie: Também posso participar?
Mariana: Claro!
Marie: Que bom! Vou dizer ao David para se inscrever também.
Mariana: Ótimo!
Marie: A minha mãe pode levar-nos a todos de carro aos treinos.
Mariana: Obrigada pela boleia.

1.1. Completa de acordo com o texto.

No s<u>ábado</u> de manhã, a Marie vai à n<u>atação</u> com a sua m<u>ãe</u>.
Depois, vai a <u>almoçar</u> no centro comercial.
A Mariana vai f<u>icar</u> em casa e, depois do almoço, ela vai b<u>rincar</u> com o João.
Mais tarde, ela vai c<u>antar</u>.
A Marie quer p<u>articipar</u> na competição de ténis no final do ano.

2. O que é que fazes nos tempos livres? Assinala.

2.1. Escolhe uma das atividades e faz a mímica.

2.2. Completa o texto com avó, *ballet*, basquetebol, bate palmas, cansados, dança, *hip-hop*, lancham, suados, trabalhos de casa.

A ___avó___ leva os seus netos, o João

e a Mariana, aos treinos de ___basquetebol___

e às aulas de ___ballet___ e

___hip-hop___.

Eles ficam ___suados___ e ___cansados___.

Às vezes, a Mariana ___dança___ para a sua avó e

esta ___bate palmas___.

Depois do banho, eles ___lancham___

e fazem os ___trabalhos da casa___.

Aprende, faz e serás um ás

Detestar e não gostar (de) expressam desagrado e gostar (de) e adorar expressam agrado.

Ex.: A Mariana gosta de dançar.
O João não gosta de faltar ao treino de basquetebol.

3. O que é que tu mais gostas de fazer nos tempos livres?

Eu ~~gosta da~~ jogar roblox e ver youtube.

3.1. Escreve o que o teu colega gosta de fazer.

Ele gosta de ir a casa e jogar ChickenLegsIsAWeirdo com as minhas amigas.

b) Nas aulas de Português

1. Observa a tabela.
O que é que vem a seguir ao verbo gostar (de)?
Circunda os nomes a verde e os verbos a amarelo.

Gostar	+	de	+	Nome/Infinitivo
Eu gosto		de		pipocas.
Tu gostas		de		brincar.
Ele/Ela gosta		de		música.
Nós gostamos		de		passear.
Vocês gostam		de		intervalos.
Eles/Elas gostam		de		chocolates.

1.1. Completa as frases com o verbo gostar (de) no Presente do Indicativo.

(não) gostar (de) + infinitivo / (não) gostar (de) + nome

a. Eu _não gosto_ de andar a cavalo.	d. Nós _gostamos_ da casa de banho da escola.
b. Tu _não gostas_ de ver filmes.	e. Vocês _gostam_ do tempo chuvoso.
c. Ele _não gosta_ de jogar futebol.	f. Elas _gostam_ do cão do António.

Aprende, faz e serás um ás

O verbo gostar usa-se com a preposição de.
Podes gostar de uma ação (verbo), de uma pessoa, de uma ideia ou de um objeto (nome).

2. Completa as formas verbais com -o, -as, -a, -amos, -am.

Adorar	Detestar
Eu ador_o_	Eu detest_o_
Tu ador_as_	Tu detest_as_
Ele/Ela ador_a_	Ele/Ela detest_a_
Nós ador_amos_	Nós detest_amos_
Vocês ador_am_	Vocês detest_am_
Eles/Elas ador_am_	Eles/Elas detest_am_

3. Escreve duas frases com os seguintes verbos:

adorar + infinitivo Eu adora não ir a escola.

_____.

detestar + infinitivo Eu detesto fazer TPC.

_____.

adorar + nome Eu adoro xxx.

_____.

detestar + nome Eu detesta escola.

_____.

c) Na tua sala de aula

1. Observa as imagens e lê as frases.

Aprende, faz e serás um ás

As palavras escritas a roxo indicam a frequência com que se faz uma atividade. Podem ser advérbios de tempo: sempre, nunca, raramente ou locuções adverbiais: às vezes, muitas vezes.

1.1. Sublinha as palavras que indicam a frequência nas seguintes frases.

a. Vocês praticam sempre desporto?

b. A Mariana brinca com a amiga dela às vezes.

c. Eu raramente jogo badmínton.

d. Tu nunca vais ao cinema?

e. Nós visitamos os avós muitas vezes.

Aprende, faz e serás um ás

Os advérbios de tempo e as locuções adverbiais ocupam diferentes posições na frase.

- Os advérbios **nunca** e **raramente** surgem antes do verbo.
  Ex.: Eu nunca ando de bicicleta sem capacete.
  Eu raramente sujo a minha roupa.

- As locuções adverbiais **muitas vezes** e **às vezes** podem aparecer no início ou no fim da frase.
  Ex.: O menino joga às escondidas muitas vezes.
  Às vezes eles jogam à apanhada.

- O advérbio **sempre** surge depois do verbo.
  Ex.: Tu fazes sempre a tua cama.

1.2. Completa as frases com sempre, muitas vezes, às vezes, raramente, nunca.

a. Os meus vizinhos andam de *skate* _____.
b. Eu participo _____ na peça de teatro anual da escola.
c. Nós _____ jogamos xadrez em casa.
d. _____ ele joga ao berlinde com os colegas da escola.
e. Vocês _____ perdem um jogo de futebol.

2. Ouve e completa com quando, onde, (o) que, (a) que.

David: _____ estás a fazer?
Marie: Estou a fazer *bricolage* para a festa da escola.
David: João, queres jogar futebol hoje?
João: _____ é o jogo?
David: É no campo da escola.
João: _____ é?
David: É hoje à tarde.
João: _____ horas é o jogo?
David: É às 15 horas.

2.1. Copia as perguntas do exercício anterior que indicam:

a. o local _____ ?
b. a atividade _____ ?
c. as horas _____ ?
d. o momento do dia _____ ?

Aprende, faz e serás um ás

Os pronomes interrogativos e os advérbios interrogativos são palavras que se utilizam para fazer perguntas. Se queres saber sobre...

- uma atividade, usas **que** ⟶ O que estás a ler?
- um momento, usas **quando** ⟶ Quando vais ao supermercado?
- as horas de um evento, usas **a que horas** ⟶ A que horas começa o filme?
- um lugar, usas **onde** ⟶ Onde é o concerto?

2.2. Seleciona a opção correta.

a. O que ☐   A que ☐   Quando ☐   gostas mais de fazer nos tempos livres?
b. A que ☐   Onde ☐   Quando ☐   gostas mais de brincar: no teu quarto ou na rua?
c. O que ☐   Onde ☐   Quando ☐   preferes brincar: de manhã ou à tarde?
d. A que ☐   O que ☐   Onde ☐   horas costumas brincar ao fim de semana?
e. Onde ☐   Quando ☐   A que ☐   gostas mais de ouvir música: no quarto ou na sala?
f. A que ☐   O que ☐   Quando ☐   preferes ler nas férias?

d) Em casa da avó

1. Pinta os instrumentos musicais e ordena as sílabas.

a. _____   b. _____   c. _____
li – vi – o – no   ce – lo – vi – o – lon   bor – tam

d. _____   e. _____
la – vi – o   ri – a – te – ba

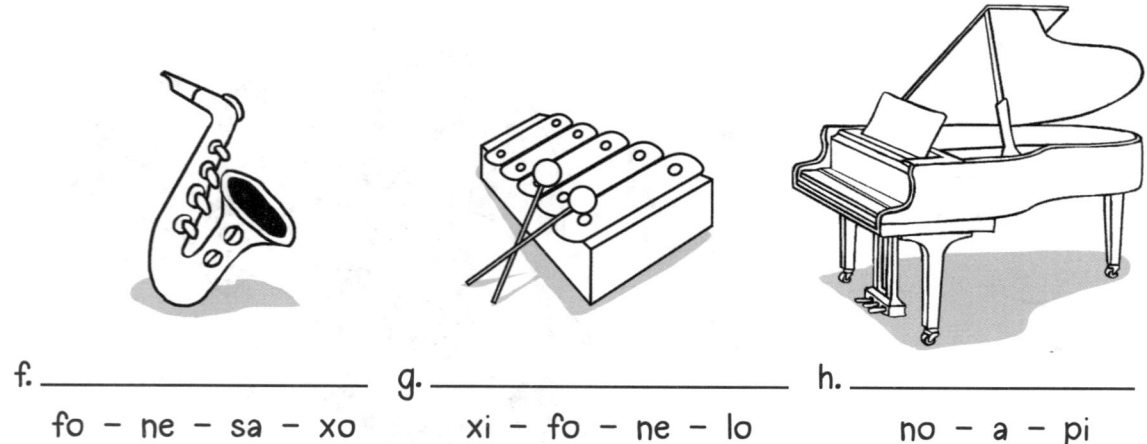

f. _____ g. _____ h. _____
fo – ne – sa – xo   xi – fo – ne – lo   no – a – pi

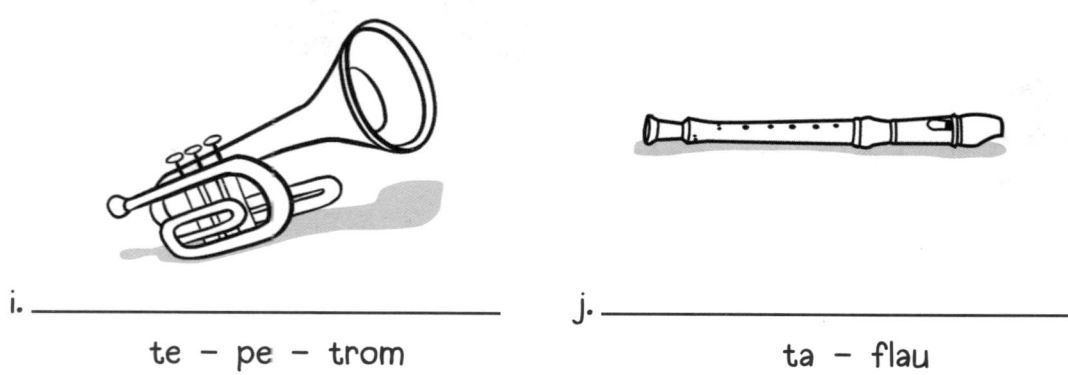

i. _____ j. _____
te – pe – trom   ta – flau

k. _____
gão – ór

2. Ouve, canta e grava com o teu professor a música.

A loja do mestre André

Foi na loja do mestre André
que eu comprei um pifarito.
Tiro – liro – liro, um pifarito.

Ai olá, ai olé,
foi na loja do mestre André!
(bis*)

Foi na loja do mestre André
que eu comprei um pianinho.
Plim – plim – plim, um pianinho
Tiro – liro – liro, um pifarito.

Ai olá, ai olé,
foi na loja do mestre André!
(bis)

Foi na loja do mestre André
que eu comprei um tamborzinho.
Tum – tum – tum, um tamborzinho
Plim – plim – plim, um pianinho
Tiro – liro – liro, um pifarito.

Ai olá, ai olé,
foi na loja do mestre André!
(bis)

Foi na loja do mestre André
que eu comprei uma campainha.
Tlim – tlim – tlim, uma campainha
Tum – tum – tum, um tamborzinho
Plim – plim – plim, um pianinho
Tiro – liro – liro, um pifarito.

Ai olá, ai olé,
foi na loja do mestre André!
(bis)

Foi na loja do mestre André
que eu comprei uma rabequinha.
Chi – ri – bi – ri – bi, uma rabequinha
Tlim – tlim – tlim, uma campainha
Tum – tum – tum, um tamborzinho
Plim – plim – plim, um pianinho
Tiro – liro – liro, um pifarito.

Ai olá, ai olé,
foi na loja do mestre André!
(bis)

Foi na loja do mestre André
que eu comprei um rabecão.
Chi – ri – bi – ri – bão, um rabecão
Chi – ri – bi – ri – bi, uma rabequinha
Tlim – tlim – tlim, uma campainha
Tum – tum – tum, um tamborzinho
Plim – plim – plim, um pianinho
Tiro – liro – liro, um pifarito.

Ai olá, ai olé,
foi na loja do mestre André!
(bis)

Caixinha de palavras:

bis = duas vezes
rabeca = instrumento parecido com o violino
rabecão = instrumento parecido com o violoncelo
pífaro = instrumento parecido com a flauta

2.1. Quais são os instrumentos que se compram na loja do mestre André?
Liga ao que está certo.

Na loja do Mestre André   compra-se

- o piano.
- o tambor.
- o violoncelo.
- o violino.
- a guitarra.
- o órgão.
- a campainha.
- o pifarito.
- a rabeca.

3. Lê o diálogo e sublinha as formas do verbo tocar.

Marie, tu cantas bem! Podemos juntar-nos e fazer uma *girlsband*.

Está bem! Eu toco flauta e podemos alternar!

As minhas colegas de escola também tocam viola muito bem... E sei que a minha mãe também toca.

3.1. Preenche com o verbo tocar.

a. Eu _____ violoncelo.	d. Nós _____ piano.
b. Tu _____ trompete.	e. Vocês _____ pífaro?
c. Ele _____ tambor.	f. Elas _____ guitarra.

3.2. Tu também podes entrar na banda. Tocas algum instrumento? Se sim, qual? Se não, qual gostavas de tocar?

_____

4. Observa as frases.

a. Foi na loja do mestre André que eu comprei um pianinho.	comprar na loja = comprar em + a loja
b. A Mariana e o João moram no Porto.	morar no Porto = morar em + o Porto
c. Eles fazem os trabalhos de casa à tarde.	fazer à tarde = fazer os trabalhos de casa a + a tarde
d. Eles são do Porto.	ser do Porto = ser de + o Porto

4.1. Ordena as palavras, constrói perguntas e responde com frases do exercício anterior.

a. ? / e o João / a Mariana / moram / Onde
Onde moram a Mariana e o João?

b. eles / ? / De onde / são
De onde são eles?

c. o pianinho / ? / compraste / Onde
Onde compraste o pianinho?

5. Descobre a fórmula e completa com os artigos definidos a, o, as, os.

em			de			a		
em +	a	= na	de +	a	= da	a +	a	= à
em +	as	= nas	de +	as	= das	a +	as	= às
em +	o	= no	de +	o	= do	a +	o	= ao
em +	os	= nos	de +	os	= dos	a +	os	= aos

Aprende, faz e serás um ás

A fórmula que tu descobriste chama-se **contração** das preposições com o artigo definido.

5.1. Completa com de, à, ao, na, à, na, ao, à, no, de.

A Marie anda ___de___ ___na___ patins todos os dias depois de fazer os trabalhos ___de___ casa. Ela anda sempre ___ao___ Parque da Cidade, que fica em frente ___à___ prédio. _____ noite, ela telefona _____ sua melhor amiga que mora _____ Alemanha. _____ escola ela vai muitas vezes _____ quadro e faz os exercícios _____ pressa. A professora não gosta quando ela faz isso.

6. Escreve uma frase para cada imagem com a ajuda do seguinte vocabulário:

leve – bonito – grande – pequeno – barato – caro – novo – velho
barulhento – piano – flauta – bateria – violino – tambor – xilofone

a. Eu toca o xilofone.

b. Eu bata o tambor.

c. Ele practica o piano.

d. _____.

e. _____.

f. _____.

e) Já sei!

Nesta unidade aprendi:

1. Gramática

1.1. Verbos gostar (de), não gostar (de), detestar, adorar

 **1.1.1. Completa as frases com** gostar (de), não gostar (de), detestar, adorar, **de acordo com a tua experiência.**

a. _____ visitar Portugal nas férias de verão.
b. _____ ouvir música.
c. _____ ir para a escola.
d. _____ fazer desporto.
e. _____ comer a sopa.
f. _____ espinafres.
g. _____ maçãs.
h. _____ acordar cedo ao domingo.

1.2. Advérbios de tempo e locuções adverbiais

 **1.2.1. Entrevista um dos teus colegas e regista as suas respostas usando** sempre, raramente, nunca, muitas vezes, às vezes.

a. Quando costumas jogar futebol?
_____

b. Quando costumas tocar piano?
_____

c. Quando costumas ver televisão?
_____

d. Quando costumas ler livros?
_____

1.3. Advérbios e pronomes interrogativos

1.3.1. Faz perguntas para as seguintes imagens usando quando, onde, (o) que, (a) que.

a. _____

b. _____

c. _____

d. _____

1.4. Preposições: contração das preposições em, de, a

1.4.1. Sublinha a opção correta.

a. Nós jogamos voleibol em/no/na ginásio.

b. Ele anda de/do/da skate.

c. Nas/Nos/Em aulas de Português aprendemos muitas coisas.

d. Eu vou de/ao/à loja de brinquedos.

e. A minha família mora no/em/de Portugal.

f. Todos os anos eu recebo prendas das/dos/nos meus avós.

2. Vocabulário

2.1. Atividades de tempos livres

2.1.1. Faz a ligação correta.

a. Praticar • • ao quarto escuro
b. Dançar • • desporto
c. Gravar • • um CD
d. Tocar • • guitarra
e. Jogar • • samba
f. Brincar • • futebol

2.2. Instrumentos musicais

2.2.1. Recolhe nesta unidade todos os instrumentos e agrupa-os na tabela abaixo.

Instrumentos de sopro	Instrumentos de percussão*	Instrumentos de corda	Instrumentos de teclas

*instrumentos de percussão = conjunto dos instrumentos cujo som é produzido com batimentos

3. Expressões úteis

- O que é que tu fazes nos tempos livres?
- Qual é a tua música preferida?
- Raramente jogo futebol à sexta-feira.
- Gosto muito de tocar flauta e adoro cantar.

4. Apresentação

4.1. Observa a tabela e escreve os gostos da Mariana e do João.

	saltar ao eixo	dançar	cantar	ler	jogar à cabra-cega	tocar piano	saltar à corda	jogar videojogos	jogar às escondidas	brincar com bonecas
João	X	X		X	X			X	X	
Mariana		X	X	X		X	X		X	X

A Mariana _____.
O João _____.

f) Hora da história

Era uma vez...

1. Ouve e lê a história connosco.

Os brinquedos mágicos

Era uma vez um rapaz que tinha três irmãs muito bonitas e que colecionava objetos mágicos nos seus tempos livres. As irmãs dele já não visitavam os pais há muito tempo e ele decidiu usar três dos seus brinquedos mágicos para as procurar: umas botas, um chapéu e uma chave. As suas irmãs eram todas diferentes. A irmã mais velha gostava de fazer malha, a irmã do meio gostava de secar flores e a mais nova gostava de praticar esgrima. Para começar a sua busca, o rapaz calçou as botas, pôs o chapéu e disse:

— Botas, levem-me ao lugar onde está a minha irmã mais velha.

Ele chegou então a um castelo, abriu a porta com a chave e lá encontrou a sua irmã, casada e feliz. Mas o seu marido era um pássaro. E ela contou-lhe o segredo:

— O encantamento quebra-se quando morrer um homem que tem vida eterna.

De repente, o marido, em forma de pássaro, entrou na sala, transformou-se em príncipe e viu o cunhado debaixo do chapéu mágico. A mulher apresentou-lhe o irmão, e o príncipe ficou muito contente de o conhecer.

O rapaz tirou o chapéu e cumprimentou o cunhado. Na despedida, o marido disse ao rapaz:

— Toma esta pena. Quando precisares de ajuda, diz: "Ajuda-me, Rei dos Pássaros!"

Em seguida, as botas levaram o rapaz à sua irmã do meio. Lá conheceu o cunhado que, ao entrar em casa, de peixe se transformou em príncipe. Encantado por conhecer o irmão da sua mulher, disse-lhe:

— Toma esta escama. Quando precisares de ajuda, diz: "Ajuda-me, Rei dos Peixes!"

Por fim, encontrou a sua irmã mais nova, presa numa caverna. O irmão, muito preocupado, disse que a ia ajudar. E ela disse-lhe:

— Há um homem velho, mau e eterno que quer casar comigo, mas eu não quero casar com ele.

— Como é que ele conseguiu ser eterno? — perguntou o irmão.

Ele pensou um bocadinho, teve uma ideia, e contou-lhe o seu plano:

— Promete-lhe que casas com ele. Mas antes ele tem de te contar o segredo da vida eterna.

Mais tarde, o velho mau chegou à caverna e ela disse-lhe:

— Eu caso contigo, mas tens de me dizer porque é que nunca morres.

— Ah! Ah! Ah! Pensas que me podes matar? É preciso ir ao fundo do mar, encontrar um caixão de ferro com uma pomba branca lá dentro e libertá-la. Depois tem de se partir um ovo dessa pomba na minha testa. E agora tens de casar comigo porque já sabes o meu segredo. Ah! Ah! Ah!

O irmão, que estava escondido, ouviu isto, calçou as botas e foi até ao mar. Pegou na escama e disse:

— Ajuda-me, Rei dos Peixes!

O cunhado apareceu logo, e ele pediu ajuda aos peixes, mas uma sardinha chegou atrasada:

— Desculpe a minha demora, mas bati num caixão de ferro.

O Rei dos Peixes pediu ao peixe grande para ir buscar o caixão ao fundo do mar!

O rapaz viu o caixão e disse à chave para o abrir.

O caixão abriu-se e saiu de lá uma pomba branca a voar. Então o rapaz pegou na pena e disse:

– Ajuda-me, Rei dos Pássaros!

O cunhado apareceu logo e mandou vir todas as aves. Mas uma pomba chegou por último.

– Desculpe a minha demora, mas eu estive com a minha amiga pomba que estava presa há muitos anos.

– Mostra ao rapaz onde é o ninho dessa pomba – disse o Rei dos Pássaros.

Quando chegaram lá, a pomba já tinha um ovo no ninho. O rapaz apanhou o ovo e com as botas mágicas foi ter com a sua irmã mais nova, que estava prestes a casar. O velho estava pronto para o casamento, mas a menina partiu-lhe o ovo na testa e ele morreu.

A família voltou a estar unida e feliz, e ficou rica com os tesouros do velho monstro.

Fonte: Braga, Teófilo. *Contos Populares Portugueses* in *Biblioteca Digital Online*, pp. 20-24 versão adaptada; título original: *Cravo, Rosa e Jasmim*

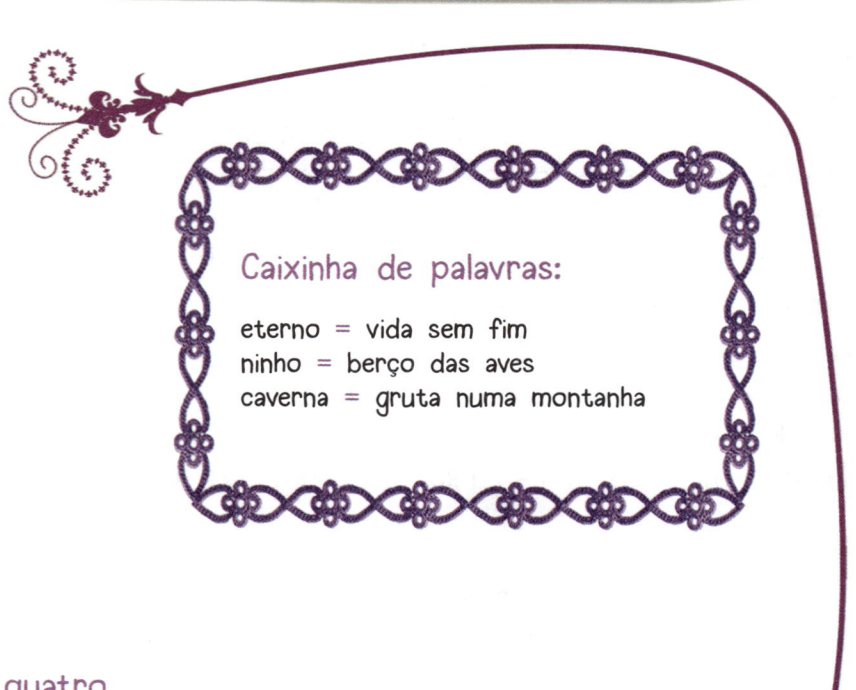

Caixinha de palavras:

eterno = vida sem fim
ninho = berço das aves
caverna = gruta numa montanha

1.1. Quais são os objetos mágicos da história?

a. _____   b. _____   c. _____

1.2. Ordena os acontecimentos da história.

- [ ] a. O Rei dos Peixes dá-lhe uma escama.
- [ ] b. A irmã mais nova está presa numa caverna.
- [ ] c. O rapaz recebe objetos mágicos.
- [ ] d. O velho leva com o ovo da pomba e morre.
- [ ] e. O Rei dos Pássaros dá-lhe uma pena.
- [ ] f. O peixe encontra o caixão no fundo do mar.

2. Se tivesses um chapéu mágico, que aventuras te esperariam? Escreve uma história com o teu colega.

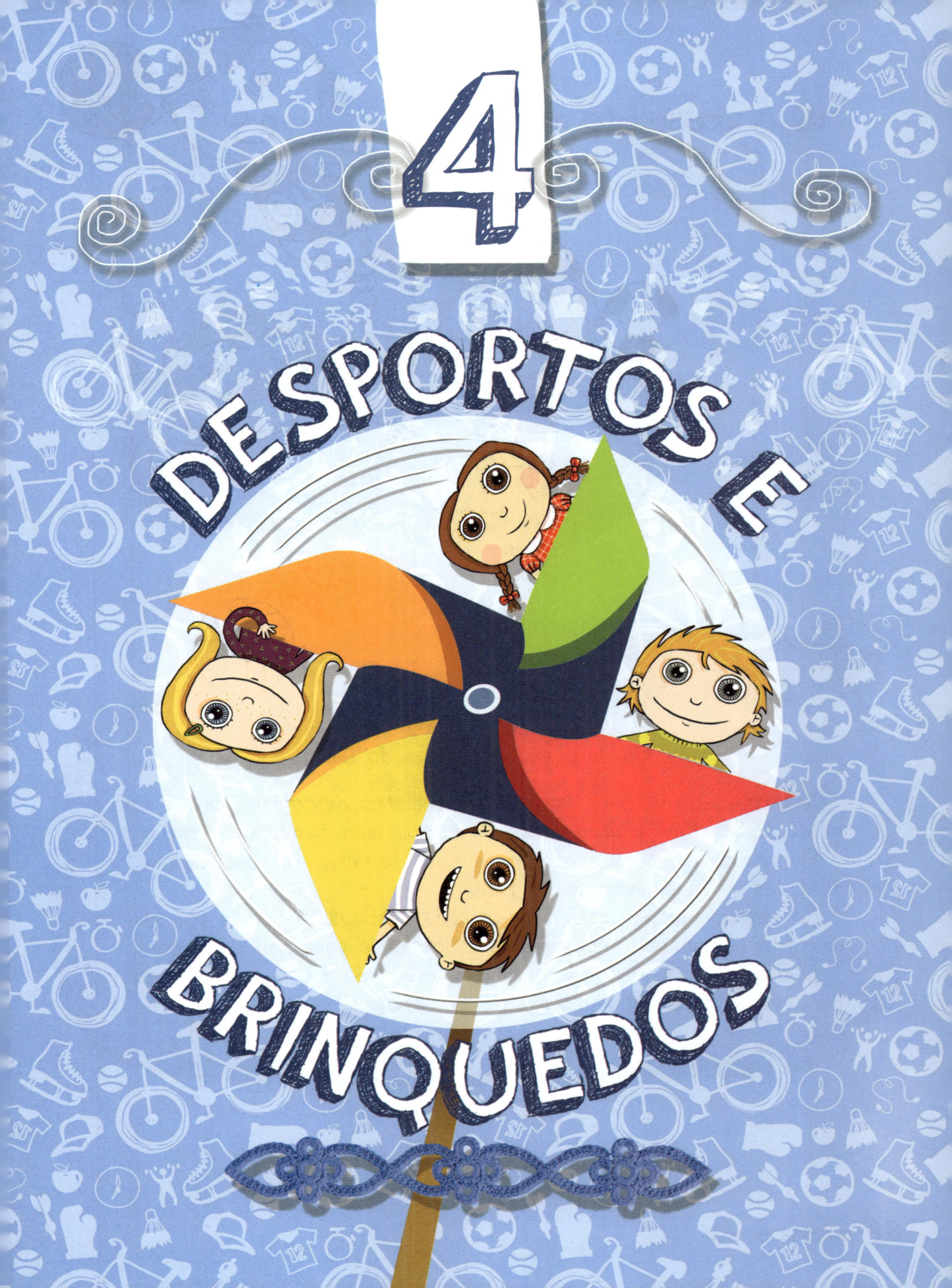

a) A nossa história

1. Ouve e lê o texto.

Os desportos favoritos do David

Nas férias de verão o David pratica muitos desportos porque tem muito tempo livre e normalmente participa num campo de férias.

Ele pratica equitação, natação, voleibol de praia, futebol, ténis e *surf*. Ele já sabe nadar muito bem.

No inverno, quando está sol, ele anda de bicicleta com o pai. Ele usa sempre capacete, cotoveleiras e joelheiras para não se magoar.

O desporto favorito dele durante a época da escola é o basquetebol. Ele pratica basquetebol duas vezes por semana.

1.1. O que é que o David faz? Completa.

Quando?	No verão	No inverno	Na época escolar
O quê?	equitação, natação, voleibol de praia, futebol, ténis, surf	bicicleta	basquetebol

1.2. Assinala V (verdadeiro) ou F (falso).

a. O David pratica desporto. — V
b. No verão ele tem pouco tempo livre. — F
c. Ele não usa proteção quando anda de bicicleta. — V
d. Quando tem escola, ele pratica desporto duas vezes por dia. — F

2. Ouve, canta e grava a música.

Todos os patinhos

Todos os patinhos sabem bem nadar,
sabem bem nadar.

Cabeça para baixo,
rabinho para o ar. (bis)

Quando estão cansados,
da água vão sair,
da água vão sair.

Depois em grande fila
para o ninho querem ir. (bis)

2.1. Liga as atividades dos patinhos às imagens.

a. Nadar

b. Sair da água

c. Ir em grande fila

d. Ir para o ninho

2.2. O David e a Marie gostam muito de nadar. Escreve palavras do mesmo campo lexical de nadar.

a. _mer_

b. _____

c. _____

d. _____

3. Completa indicando o desporto que estão a praticar.

a. _nadar_   b. _futebol_   c. _basquetbol_   d. _tae-kwon-do_

e. _voleibol_   f. _ténis_   g. _badminton_   h. _hóquei_

3.1. Escreve o nome do desporto ou da atividade, ordenando as letras que se encontram nos balões. Assinala com uma cruz a letra extra em cada alínea.

Ex.: s t é i n ~~b~~

Ele está a jogar ténis.

a. ~~x~~ o r e r c r

Ela está a correr.

b. l u f o e t ~~o~~ b

Ele está a jogar futebol.

c. n a d r ~~m~~ a

Ela está a nadar.

d. á s i c g ~~x~~ n i t a

Ela está a fazer ginástica.

e. q e s u i ~~n~~

Ela está a fazer esqui.

f. a d a r n e d b ~~x~~
l e i c i t a c

Ela está a <u>andar de</u> <u>bicicleta</u>.

g. u d o j ~~x~~

Eles estão a praticar <u>judo</u>.

h. a d r ~~x~~ a a c v l o a a n

Elas estão a <u>andar a</u> <u>cavalo</u>.

3.2. O que é que o David está a fazer? Para descobrires utiliza as letras extra do exercício anterior.

Ele está a jogar
B _ _ _ _ _ _ _ _

Aprende, faz e serás um ás

Usas estar a + Infinitivo do verbo principal quando falas de uma ação contínua no presente.

4. Agrupa os tipos de desportos que aprendeste.

Desportos ao ar livre	Desportos de pavilhão	Desportos de inverno	Desportos de verão	Desportos individuais	Desportos de equipa
a. _____	b. _____	c. _____	d. _____	e. _____	f. _____
_____	_____	_____	_____	_____	_____
_____	_____	_____	_____	_____	_____

Aprende, faz e serás um ás

Com o verbo querer podes usar verbos no Infinitivo ou nomes.

Ex.: querer + Infinitivo

Eu (não) quero brincar.
Ela (não) quer ir à casa de banho.
Eles (não) querem falar com a professora.

querer + Nome

Tu (não) queres água?
Nós (não) queremos o escorrega grande.
Vocês (não) querem esta bola?

5. Ouve e lê o diálogo.

- Hum... hora do recreio! Queres brincar comigo?
- Sim, quero!
- Queres saltar à corda?
- Não, hoje não quero. Estou cansada.
- Então, queres jogar ao elástico?
- Oh, hoje não o tenho.
- Então, queres jogar à apanhada?
- O que é isso?
- Eu corro atrás de ti e tu foges.
- Está bem... Eu estou cansada, mas quero correr atrás de ti. Foge!!!!!
- Ei, meninos! Querem brincar connosco?
- Sim! Queremos! Fujam!

5.1. Liga e forma frases.

a. Eu
b. Tu
c. Ele
d. Nós
e. Vocês
f. Elas

- queremos jogar futebol.
- querem ir brincar.
- quero ir à casa de banho.
- quer a bola.
- queres a raquete.
- querem a bola de pingue-pongue.

5.2. O que é que os meninos querem fazer?

a. _____

b. _____

c. _____

d. _____

6. Observa.

Eu brinco com a Marie.

Ele joga à bola.

Eles tocam guitarra.

6.1. Completa com os verbos brincar, jogar, tocar.

Quando as aulas terminam, os meninos ficam felizes porque podem _____ futebol ou _____ o seu instrumento preferido.
O David e o João gostam de _____ futebol.
O David _____ à defesa e o João gosta mais de marcar golos.
A Mariana e a Marie adoram _____ às escondidas, mas não todos os dias. Às vezes elas _____ flauta e outras vezes _____ com as bonecas.

7. Depois da escola, o que mais gostas de fazer?
Qual é o teu desporto preferido?
Quantas vezes o praticas? Quando o praticas?
Com quem o praticas?

O meu desporto favorito é _____
_____
_____
_____
_____
_____ .

b) Nas aulas de Português

1. Ordena as letras, descobre o verbo ir no Presente do Indicativo e completa as frases.

Ex.: Eu vou (ouv) cantar amanhã.

a. Tu _____ (aisv) brincar depois de amanhã.

b. Ela _____ (avi) almoçar no fim de semana com a sua família.

c. Nós _____ (amosv) viajar na próxima sexta-feira.

d. Vocês _____ (ãov) fazer uma apresentação ao público no final do ano.

e. Eles _____ (ovã) divertir-se bastante.

Aprende, faz e serás um ás

A estrutura ir + Infinitivo é usada para falares do futuro. Mas quando o verbo principal é ir, não usas esta construção.

Ex.: Amanhã vou a tua casa.
Não se diz: Amanhã vou ir a tua casa.

2. Lê e sublinha os verbos.

a. No sábado, eles vão almoçar no centro comercial.
b. Depois do almoço, eles vão cantar.

2.1. Quando é que se passam estes eventos? Sublinha a resposta certa.

----> Passado --------------> Presente --------------> Futuro ---->

2.2. Copia os verbos que sublinhaste para a tabela e assinala a hipótese correta.

Formas verbais	Como se constrói o futuro próximo?
a. _____	Presente do Indicativo do verbo ser + Infinitivo do verbo principal ☐
b. _____	ou Presente do Indicativo do verbo ir + Infinitivo do verbo principal ☐

3. O que é que eles vão fazer? Observa e completa.

a. No fim das aulas ele _____
   _____.

b. Hoje à noite ela _____
   _____.

c. Depois de amanhã vocês _____
   _____.

d. Na próxima semana eles _____
   _____.

4. E tu? O que é que tu vais fazer no fim de semana?

Eu _____
_____
_____
_____
_____
_____
_____
_____

c) Na tua sala de aula

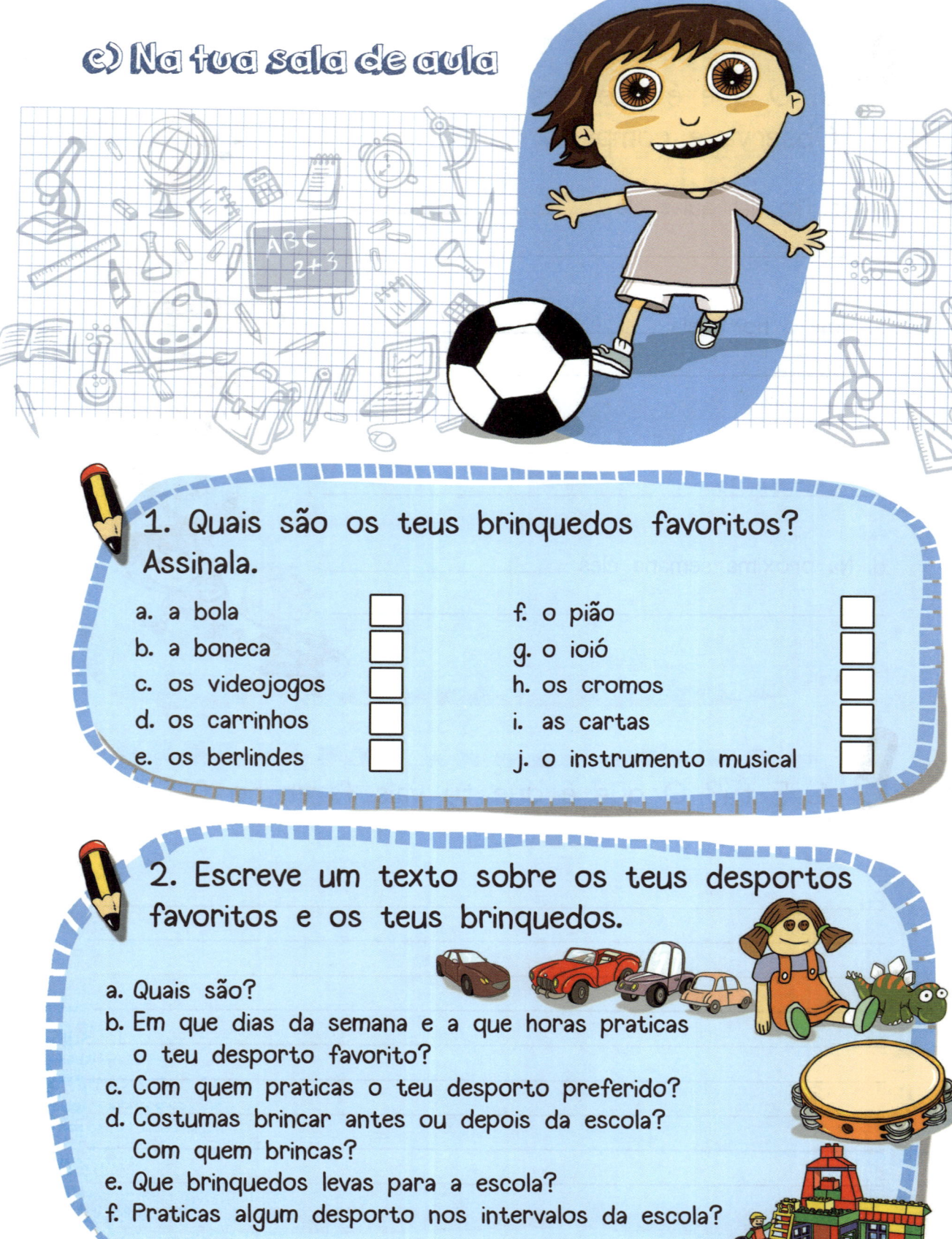

1. Quais são os teus brinquedos favoritos? Assinala.

   a. a bola ☐
   b. a boneca ☐
   c. os videojogos ☐
   d. os carrinhos ☐
   e. os berlindes ☐
   f. o pião ☐
   g. o ioió ☐
   h. os cromos ☐
   i. as cartas ☐
   j. o instrumento musical ☐

2. Escreve um texto sobre os teus desportos favoritos e os teus brinquedos.

   a. Quais são?
   b. Em que dias da semana e a que horas praticas o teu desporto favorito?
   c. Com quem praticas o teu desporto preferido?
   d. Costumas brincar antes ou depois da escola? Com quem brincas?
   e. Que brinquedos levas para a escola?
   f. Praticas algum desporto nos intervalos da escola?

d) Em casa da avó

1. Lê o diálogo.

David: Eu gosto muito de videojogos e de cromos. E tu?
João: Eu prefiro patins em linha, porque gosto mais de andar ao ar livre.
David: Eu gosto de videojogos, mas alguns são violentos.

1.1. Risca as conjunções erradas.

a. Hoje, a Marie vai ao cinema e/mas/porque amanhã vai ao teatro.
b. Às segundas, a Mariana tem aulas de *hip-hop* e/mas/porque ela adora dançar.
c. O João joga futebol e/mas/porque ele prefere basquetebol.

Aprende, faz e serás um ás

As conjunções são palavras que ligam frases ou elementos da mesma frase.

e: serve para adicionar uma ideia — Ex.: Eu adoro *ballet* e ginástica.

mas: serve para indicar uma oposição — Ex.: Eu gosto de basquetebol, mas é muito cansativo.

porque: serve para dar uma explicação — Ex.: Eu brinco com legos porque gosto de construir coisas.

1.2. Completa as frases com as conjunções e, mas, porque.

a. Eu brinco com carrinhos _____
_____.

b. Tu saltas à corda _____
_____.

c. Ela faz um *puzzle* _____
_____.

d. Nós praticamos karaté _____
_____.

e. Vocês nadam na piscina _____
_____.

f. Eles jogam ténis _____
_____.

2. Corrige o texto que a Marie escreveu sobre o seu brinquedo preferido. Tem 6 erros.

O meu brincedo preferido é a Barbie. Ela é alta e bonito.
O minha Barbie tem um fato cor-de-rosa, porque é a meu cor preferida. Ele tem dois anos, mas ainda é muito nova.
Ela é uma boa amiga e faz-se companhia.

_____
_____
_____
_____
_____
_____

e) Já sei!

Nesta unidade aprendi:

1. Gramática

1.1. Estar a + Infinitivo

1.1.1. Faz a mímica de uma atividade ou desporto para os teus colegas adivinharem.

Ex.: – O que é que ela está a fazer?
– Ela está a jogar golfe.

1.2. Verbo querer + Infinitivo/querer + nome

1.2.1. Escreve uma frase para cada uma das opções seguindo as regras do verbo querer + Infinitivo e querer + nome.

a. brincar _____

b. passear _____

c. comprar _____

d. estudar _____

e. falar ao telefone _____

f. fato de treino _____

g. um baloiço _____

h. uma bola de pingue-pongue _____

i. uma guitarra _____

j. livros para ler _____

k. um avião de brincar _____

1.3. Distinguir os verbos jogar, brincar e tocar

 **1.3.1. Liga**

- com azul as palavras referentes ao verbo tocar;
- com cor de laranja as palavras referentes ao verbo jogar;
- com verde as palavras referentes ao verbo brincar.

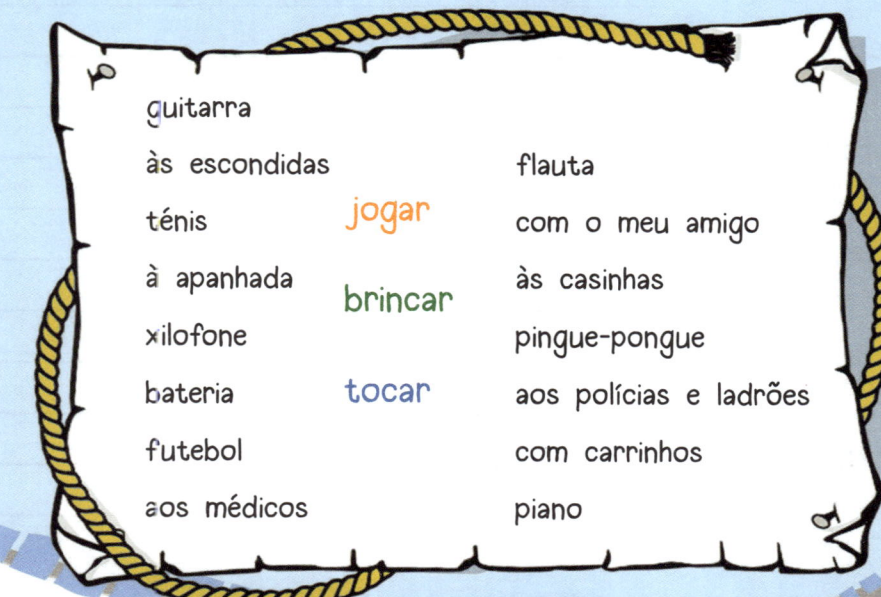

guitarra
às escondidas   flauta
ténis   jogar   com o meu amigo
à apanhada   às casinhas
                brincar
xilofone   pingue-pongue
bateria   tocar   aos polícias e ladrões
futebol   com carrinhos
aos médicos   piano

1.4. Futuro próximo: verbo ir + Infinitivo

1.4.1. O que é que vai acontecer? Completa as frases.

| jantar fora | acampar | fazer o jantar | telefonar |
| treinar futebol | | ter aulas de Português | |

a. Daqui a 10 minutos _____ .
b. Daqui a uma hora _____ .
c. Mais logo _____ .
d. Hoje à noite _____ .
e. Amanhã _____ .
f. Na próxima semana _____ .

1.4.2. Escreve o que vais oferecer aos teus três melhores amigos no seu aniversário.

a. _____ .
b. _____ .
c. _____ .

1.5. Conjunções: e, mas, porque

1.5.1. Descobre o erro e corrige.

a. Eu não vou à aula de desporto, mas estou doente.

_____.

b. Tu mas a tua amiga vão comprar brinquedos.

_____.

c. Vocês não brincam lá fora e está mau tempo.

_____.

d. Eu quero uma consola de jogos porque é muito cara.

_____.

e. Na minha turma todos sabem cantar mas tocar flauta.

_____.

2. Vocabulário

2.1. Desportos

2.1.1. Que desportos praticam estes atletas portugueses? Segue o exemplo.

triatlo   futebol   basquetebol   salto em comprimento

judo   ténis   natação

Ex.: A Vanessa Fernandes pratica triatlo.
a. O Cristiano Ronaldo _____.
b. A Ticha Penicheiro _____.
c. O Nelson Évora _____.
d. A Telma Monteiro _____.
e. O Frederico Gil _____.
f. A Diana Gomes _____.

2.2. Brinquedos

2.2.1. Procura nesta unidade o maior número de brinquedos e brincadeiras.

Brinquedos	Brincadeiras

2.2.2. Na tua opinião, qual é a brincadeira mais popular no teu país?

_____.

2.3. Joga com a tua turma.

a. Numa parede da sala, alinha-se a turma;

b. O professor diz nomes de brinquedos e desportos;

c. Cada aluno tem de traduzir a palavra para a sua língua;

d. Se o aluno acertar, dá um passo em frente; se não acertar, mantém-se no mesmo sítio;

e. Ganha quem ficar à frente quando o jogo acabar.

3. Expressões úteis

- O meu desporto preferido é...
- Eu adoro... / Eu gosto muito de...
- Eu não gosto de... / Eu detesto...
- O que vais fazer?
- Quando / Onde / A que vais brincar?

4. Apresentação

4.1. Escreve num papel:

- Quantos anos tens
- Onde moras
- De onde é a tua família
- O teu desporto preferido
- O teu passatempo favorito
- O teu brinquedo favorito
- O instrumento musical de que mais gostas

4.1.1. És bom detetive?

Dobra o papel em quatro e junta-o aos restantes dentro de um saco. O professor vai passar o saco pela turma, cada aluno tira um papel, lê em voz alta e adivinha quem escreveu a mensagem.

f) Hora da história

1. Ouve e lê a história connosco.

Os desportos das três mourinhas

Era uma vez um conde cristão, preso no castelo de um rei mouro. O rei do castelo tinha três filhas que praticavam muito desporto.
A mais velha jogava golfe. A do meio jogava futebol. A mais nova praticava equitação em cavalos mágicos. Eram elas que iam decidir a vida do conde. Todas concordaram que ele podia viver até alguém o salvar.
A mais velha propôs-lhe:
– Ensina-me coisas que eu ainda não sei. Então eu caso contigo e liberto-te.
O conde sugeriu à princesa ensinar-lhe a sua religião e ir com ela para o seu palácio, mas ela não aceitou. A filha do meio propôs-lhe o mesmo e ele deu a mesma resposta. Até que a filha mais nova aceitou aprender a religião do conde e casar-se com ele no seu palácio. Para

isso, ela explicou ao conde como deviam fugir do castelo do seu pai:

– À noite vais à cavalariça e lá encontras um cavalo de sete cores que corre como o pensamento. Fico à tua espera no pátio.

Assim foi. Ela e o conde montaram o cavalinho e só pararam numa praia perto do seu palácio. O conde queria casar, mas precisava de arranjar belas roupas para o casamento, e queria ir ao seu palácio para se vestir. A princesa ficou com medo, e a chorar disse-lhe:

– Não podes abraçar ninguém no teu palácio. Tens de me prometer isso. Se alguém te abraçar, esqueces-te de mim.

O conde jurou ter cuidado. Mas ao entrar no seu quarto, a sua empregada abraçou-o pelas costas e ele esqueceu-se da mourinha na praia. Depois de muito chorar, a mourinha encontrou uma senhora, que morava com o seu filho, e que tomou conta dela.

Entretanto, o conde conheceu uma outra princesa no seu palácio e anunciou o seu casamento. A notícia chegou à cabana onde vivia a mourinha. Combinaram, então, que no dia do casamento do conde, o filho da senhora ia passear com o cavalo à frente da igreja, enquanto dizia:

– Cavalinho, faz o conde lembrar-se da princesa moura que está na praia!

O conde chegou à igreja, viu o cavalo e pediu ao rapaz para andar a cavalo antes do casamento. Lembrou-se logo da mourinha!

Então, ele desistiu do casamento e pediu ao rapaz para ir buscar a menina. O conde casou com a mourinha e foram felizes para sempre!

Fonte: Braga, Teófilo. *Contos Populares Portugueses*
in *Biblioteca Digital Online*, pp. 42-44
(versão adaptada; título original: *O Cavalinho das Sete Cores*)

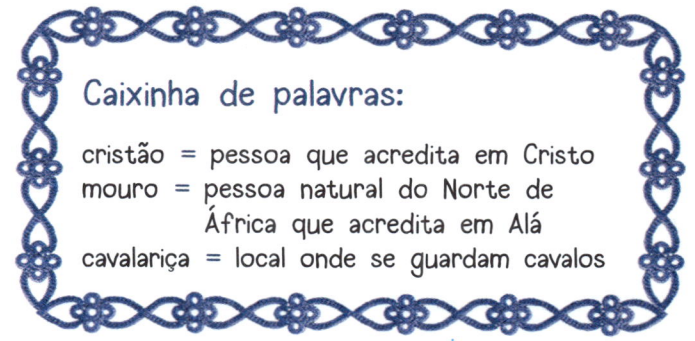

Caixinha de palavras:

cristão = pessoa que acredita em Cristo
mouro = pessoa natural do Norte de África que acredita em Alá
cavalariça = local onde se guardam cavalos

1.1. Pinta os cavalinhos com cores diferentes. Escreve as cores de cada um.

1.2. Qual é a tua cor preferida?

A minha cor preferida é _____.

1.3. Quantas cores tem o cavalinho da história? Circunda o número certo e escreve a resposta por baixo.

```
1  4  7  10  13  16  19
2  5  8  11  14  17  20
3  6  9  12  15  18  21
```

O cavalinho tem _____ cores.

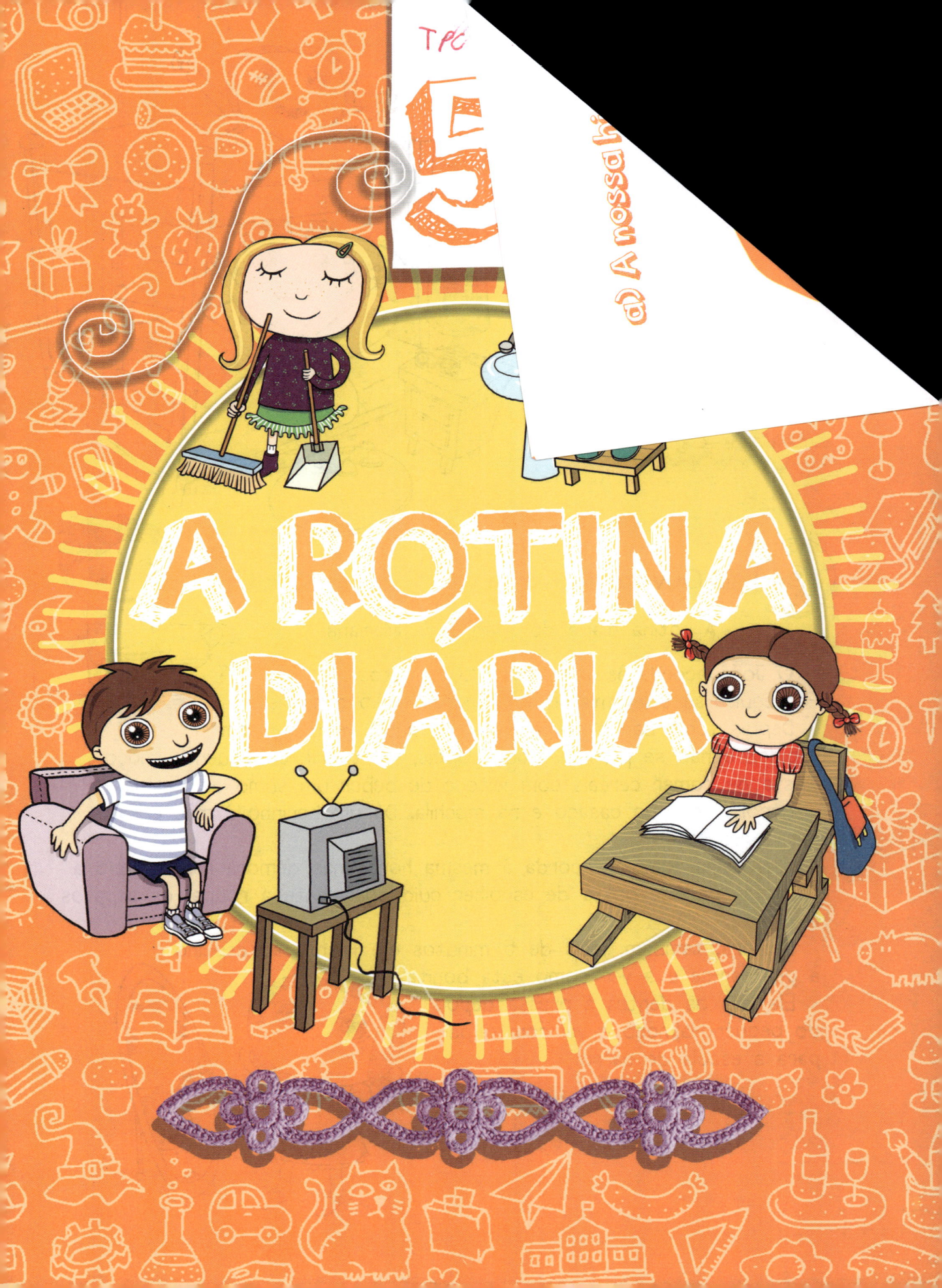

1. Ouve e lê.

A rotina diária do João e da Mariana

O João acorda às 7 horas e 10 minutos. Espreguiça-se e levanta-se às 7 horas e 15 minutos.

Depois toma banho calmamente. A seguir, veste-se com rapidez e não se penteia. Logo depois, vai tomar o pequeno-almoço. Gosta de comer cereais com leite e de beber um sumo de laranja.

Depois, pega no casaco e na mochila. Dá um beijinho à mãe e sai para a escola.

A Mariana também acorda à mesma hora, mas demora mais tempo a vestir-se porque gosta de escolher cuidadosamente a roupa, os sapatos e a mala.

Demora, também, mais de 5 minutos em frente ao espelho, a pentear-se e a ver como está bonita.

Ela lava os dentes à pressa depois do pequeno-almoço e vai com o pai para a escola de carro.

1.1. Seleciona a hipótese correta.

1.1.1. Em que parte do dia se passa o episódio?

a. De manhã ☐   b. À tarde ☐   c. À noite ☐

1.1.2. Quais são as personagens principais deste episódio?

a. O João e o David ☐
b. O João e a Mariana ☐
c. O João e a Marie ☐

1.2. Assinala V (verdadeiro) ou F (falso).

a. O João levanta-se antes das 7 horas. ☐
b. Ele gosta de beber sumo de manga ao pequeno-almoço. ☐
c. A Mariana acorda à mesma hora que o João e veste-se rapidamente. ☐
d. Ela lava os dentes depois de comer. ☐

1.3. Completa de acordo com o texto.

a. O João veste-se rapidamente e não se _____.
b. Ao pequeno-almoço, ele come _____.
c. A Mariana escolhe com cuidado a _____ , os _____ e a _____ .

2. Observa as imagens e no teu caderno escreve por ordem o que fazes no dia a dia.

1. ver televisão

6. vestir-se

11. almoçar

2. tomar um duche

7. pentear-se

12. ir para a escola

3. deitar-se

8. espreguiçar-se

13. apanhar o autocarro

4. lavar os dentes

9. acordar

14. jantar

5. tomar o pequeno-almoço

10. calçar-se

15. passear o cão

b) Nas aulas de Português

1. Completa com os verbos beber, brincar, calçar, comer, dar, ir, fazer, ir, lavar, pentear, tomar, vestir, tomar, ver.

a. _____ banho
b. _____ os dentes
c. _____ o cabelo
d. _____ o pequeno-almoço
e. _____ pão com manteiga
f. _____ um copo de leite
g. _____ os sapatos
h. _____ o casaco
i. _____ um beijo à mãe
j. _____ para a escola
k. _____ os trabalhos de casa
l. _____ com os amigos
m. _____ televisão
n. _____ para a cama

2. Liga e forma frases.

Sujeito	Verbo	O quê? / quem?
		a. Pronome reflexo (a ação reflete-se sobre o sujeito)
a. Eu	penteamo-	-se
b. Tu	penteio-	-me
c. A Marie	penteiam-	-se
d. Nós	penteias-	-nos
e. Vocês	penteia-	-se
f. O João e a Mariana	penteiam-	-te
		b. Complemento direto
g. Eu	penteamos	a Joana.
h. Tu	penteio	o cão.
i. A Marie	penteiam	a boneca.
j. Nós	penteias	a mãe.
k. Vocês	penteia	a melhor amiga dela.
l. A Marie e a Mariana	penteiam	o cabelo.

Aprende, faz e serás um ás

Os verbos deitar(-se), levantar(-se), pentear(-se) e calçar(-se) são regulares e terminam em -ar. São verbos que podem ter um complemento direto*, ou podem ter um pronome reflexo (a ação reflete-se sobre o sujeito da frase**).
Ex.: * O João penteia o cabelo.
** O João penteia-se.

Na primeira pessoa do plural (nós), o "s" não se escreve quando se usa o pronome reflexo.
Ex.: Nós penteamo-nos.

Os verbos vestir(-se) e despir(-se) são irregulares na primeira pessoa do singular.
Ex.: Eu visto as calças.
Eu dispo o pijama.

3. Legenda as imagens.

a. _____

b. _____

c. _____

d. _____

Aprende, faz e serás um ás

Na forma negativa, o pronome reflexo vem antes do verbo.

Ex.: Durante a semana, levanto-me às 7 horas, mas ao fim de semana não me levanto tão cedo.

4. Liga e forma frases.

a. Eu não   se   deitamos cedo ao sábado.
b. Tu não   me   calço de manhã.
c. O David não   se   penteiam a seguir ao jantar.
d. Nós não   nos   levantas cedo.
e. Vocês não   se   despe rápido.
f. O João e a Joana não   te   vestem de amarelo.

5. Liga as palavras à imagem.

o relógio •

• o ponteiro das horas

o ponteiro dos minutos •

• o ponteiro dos segundos

120 cento e vinte

6. Observa:

São dez horas. (10h00m)   São dez e um quarto. (10h15m)   São dez e meia. (10h30m)   São onze menos um quarto. (10h45m)

Mas atenção!

É meio-dia. (12h00m)   É meia-noite. (00h00m)   É uma hora. (01h00m/13h00m)

 6.1. Que horas são agora?

_____

 6.2. O teu professor distribui relógios com horas diferentes. Pergunta ao teu colega que horas são. Desenha no relógio e escreve as horas por extenso.

Tu: Que _____?
O teu colega: São _____
_____.

7. Constrói frases sobre a rotina diária do David e escreve as horas por extenso.

| 19h30m 7h00m✓ 13h00m 7h35m 21h35m 8h00m 7h05m 17h30m |
| acorda✓ almoça deita-se espreguiça-se faz janta toma vai |

Ex.: O David acorda às sete horas. (7h00m)

a. O David _____.

b. O David _____.

c. O David _____.

d. O David _____.

e. O David _____.

f. O David _____.

g. O David _____.

122 cento e vinte e dois

8. Escreve um texto sobre a rotina da Mariana.

7h10m acorda
7h15m levanta-se
7h20m toma banho
7h30m veste-se, calça-se e penteia-se
7h45m toma o pequeno-almoço
7h50m lava os dentes
8h00m vai para a escola de carro com o pai
8h15m encontra-se com os colegas da escola

13h00m almoça
16h30m sai da escola
16h45m lancha
17h00m faz os trabalhos de casa
18h30m conversa com os amigos na Internet
19h30m janta com a família
20h30m lava os dentes
20h35m vai para a cama; lê um livro
21h15m adormece

9. Lê o texto.

Está na hora da caminha

Sei que está na hora da caminha quando a mãe manda vestir o pijama e lavar os dentes.
Depois leio um livro até se apagar a luz e falo com a estrela do lado de lá da janela.
É uma amiga secreta que me diz sempre "Boa noite!" e que promete que amanhã vai ser um bom dia.

9.1. Assinala V (verdadeiro) ou F (falso).

a. O David sabe que vai dormir quando a mãe manda vestir o pijama. ☐
b. Ele telefona à prima antes de dormir. ☐
c. Ele gosta de ler antes de adormecer. ☐
d. Uma estrela promete-lhe que o dia seguinte vai ser bom. ☐

10. O que fazes antes de dormir? Constrói frases.

Eu	lavar os dentes	sempre
	vestir o pijama	ao fim de semana
	sonhar	todos os dias
	ouvir uma história	à noite

a. _____
b. _____
c. _____
d. _____

c) Na tua sala de aula

 1. Ouve, lê e liga as horas a algumas das atividades diárias do David.

Eu acordo às 7 horas da manhã e levanto-me cinco minutos depois. Às 7h10m tomo banho e às 7h30m visto-me. Às 7h35m tomo o pequeno-almoço e às 7h45m lavo os dentes. Às 7h50m penteio-me e cinco minutos depois calço-me. Saio de casa às 8 horas para ir para a escola. Às 13 horas almoço na cantina e às 16h20m volto para casa.

Às 16h30m lancho e vejo televisão. Uma hora depois, faço os trabalhos de casa. Às 19h30m janto com a minha família. Às 21h30m dispo-me e cinco minutos depois deito-me.

7h00m	
7h30m	
7h35m	
7h45m	• deitar-se
7h50m	• ver televisão
7h55m	• vestir-se
8h00m	• ir para a escola
13h00m	• pentear-se
16h30m	
19h30m	
20h30m	
21h35m	

Sabes o que eu faço no meu dia a dia?

Aprende, faz e serás um ás

A contração da preposição a depende do género do nome a que se junta.

Ex.: a + a segunda-feira (nome feminino) = à segunda-feira
a + o fim do dia (nome masculino singular) = ao fim do dia
a + os fins de semana (nome masculino plural) = aos fins de semana

1.1. Lê e preenche a tabela com à, às, ao.

À segunda-feira, o David acorda às 7 horas.
Ao meio-dia tem a última aula e às 13 horas almoça.
À tarde vê televisão, ao jantar conversa com a família e à noite vai para a cama.

Dias da semana	Partes do dia	Horas
a. _____ segunda-feira	e. _____ início da manhã	i. _____ 7 horas
b. _____ terça-feira	f. _____ fim da tarde	j. _____ 12 horas; k. _____ meio-dia
c. _____ sábado	g. _____ tarde	l. _____ 13 horas; m. _____ 1 hora da tarde
d. _____ domingo	h. _____ noite	n. _____ meia-noite

1.2. Completa com à, às, ao, depois, a seguir, logo depois, logo em seguida.

_____ segunda-feira, o David acorda _____ 7h00m. _____ levanta-se, vai à casa de banho e toma um duche. _____ veste-se, calça-se e penteia-se. _____ toma o pequeno-almoço _____ 7h35m, lava os dentes _____ 7h45m e _____ 7h50m sai de casa para ir para a escola. _____ meio-dia tem a sua última aula e _____ almoça.

_____ tarde ainda tem mais aulas. _____ 16h20m sai da escola e vai para casa.
A segunda-feira é um dia cansativo.

2. Escreve um texto sobre a tua rotina diária.

De manhã, eu _____
_____
_____
_____
_____
_____
_____
_____
_____.

d) Em casa da avó

1. Completa com pouco ou muito.

a. _____ descanso no dia a dia faz mal à saúde. Deves deitar-te cedo.
b. Quando o João tem _____ sono, despede-se dos pais na sala e vai para o seu quarto.
c. Quando tens _____ tempo, deves tomar o pequeno-almoço com calma.
d. Quando a avó tem _____ bolo de chocolate para o lanche, a Mariana pode convidar a Marie e o David para lancharem também.
e. Quando o pai da Marie tem _____ trabalho, ela e o irmão ajudam a mãe na cozinha.
f. _____ interesse diariamente pela escola não traz bons resultados.

Aprende, faz e serás um ás

Os quantificadores muito e pouco servem para expressar uma quantidade não precisa. Muito intensifica o nome a que se refere.

Ex.: Quando está muito sol, os avós gostam de passear juntos. Quando há pouco trânsito, o autocarro chega depressa à escola.

1.1. Entrevista o teu colega.

	sim	não
a. Tens muita energia quando acordas?	☐	☐
b. Gastas pouca água quando lavas os dentes?	☐	☐
c. Levas muita comida para o teu lanche?	☐	☐
d. Levas muitos livros na tua mochila?	☐	☐
e. Demoras pouco tempo a chegar à escola?	☐	☐
f. Demoras pouco tempo a fazer os trabalhos de casa?	☐	☐

1.2. Sublinha a opção correta, de acordo com as respostas do teu colega.

a. Ele/Ela tem muita/pouca energia quando acorda.
b. Ele/Ela gasta muita/pouca água quando lava os dentes.
c. Ele/Ela leva muita/pouca comida para o lanche.
d. Ele/Ela leva muitos/poucos livros na mochila.
e. Ele/Ela demora muito/pouco tempo a chegar à escola.
f. Ele/Ela demora muito/pouco tempo a fazer os trabalhos de casa.

2. Lê o texto e responde às perguntas.

Adormecer

Às vezes adormeço depressa: fecho os olhos e só acordo de manhã. Até acordo um pouco confusa, porque acordo na minha cama ao lado dos meus brinquedos, mas não me lembro de como fui lá parar.

Outras vezes adormeço mais devagar. Depende se ouço uma história contada pela mamã, ou pelo papá, ou se simplesmente ouço o meu amigo Sono, que me vem buscar todos os dias, mais ou menos à mesma hora, na cama ou no sofá.

2.1. Onde é que a Mariana adormece?

a. Na cozinha ☐
b. Nas escadas ☐
c. Às vezes no sofá da sala e outras vezes na sua cama ☐

2.2. Antes de dormir, a Mariana:

a. ouve uma história. ☐
b. vê televisão. ☐
c. joga computador. ☐

3. E tu? Como adormeces e o que fazes antes de dormir?

_____
_____

e) Já sei!

Nesta unidade aprendi:

1. Gramática

1.1. Verbos reflexos

1.1.1. Sublinha a opção certa.

a. Nós encontramo- me/te/nos às 11 horas.

b. Vocês levantam- me/se/nos às 7 horas.

c. Eu chamo- se/te/me David.

d. Tu vestes- te/nos/se depressa.

1.2. Contração da preposição a: à, às, ao

1.2.1. Completa com à, às, ao.

a. Levanto-me todos os dias _____ 8h30m.

b. _____ pequeno-almoço como um iogurte com frutas e cereais.

c. Os meus pais gostam de passear _____ noite, depois do jantar.

d. Eu faço sempre os trabalhos de casa _____ tarde.

1.3. Quantificadores muito e pouco

1.3.1. Completa os espaços com muito e pouco.

a. Faz mal pôr _____ açúcar no café depois das refeições.

b. _____ descanso não é saudável.

c. Quando o teu pai tem _____ trabalho no seu dia a dia, deves ajudá-lo.

d. Quando tens _____ pão, deves ir à padaria.

e. Ter _____ tempo livre durante o tempo de escola é cansativo.

f. O João trata de um gato nos tempos livres porque tem _____ amor pelos animais.

g. O David usa o despertador porque tem _____ medo de adormecer de manhã.

2. Vocabulário

2.1. Rotina diária

2.1.1. Ordena as seguintes atividades.

a. Tomar o pequeno-almoço ☐
b. Pentear-se ☐
c. Levantar-se ☐
d. Sair de casa ☐
e. Vestir-se ☐
f. Tomar duche ☐
g. Calçar os sapatos ☐
h. Lavar os dentes ☐

2.2. Horas

2.2.1. Liga.

7h00m	acordar		Bom dia!
12h30m	almoçar		Concentra-te!
17h20m	fazer os trabalhos de casa		Dorme bem!
21h00m	ir para a cama		Bom apetite!

2.2.2. Responde.

a. A que horas acordas durante a semana? _____
b. A que horas chegas à escola? _____
c. A que horas almoças? _____
d. A que horas chegas a casa? _____
e. A que horas fazes os trabalhos de casa? _____
f. A que horas vais para a cama? _____

2.2.3. Escreve que horas são nas diferentes partes do globo.

Ex.: Que horas são em Lisboa, Portugal? São 11 horas.

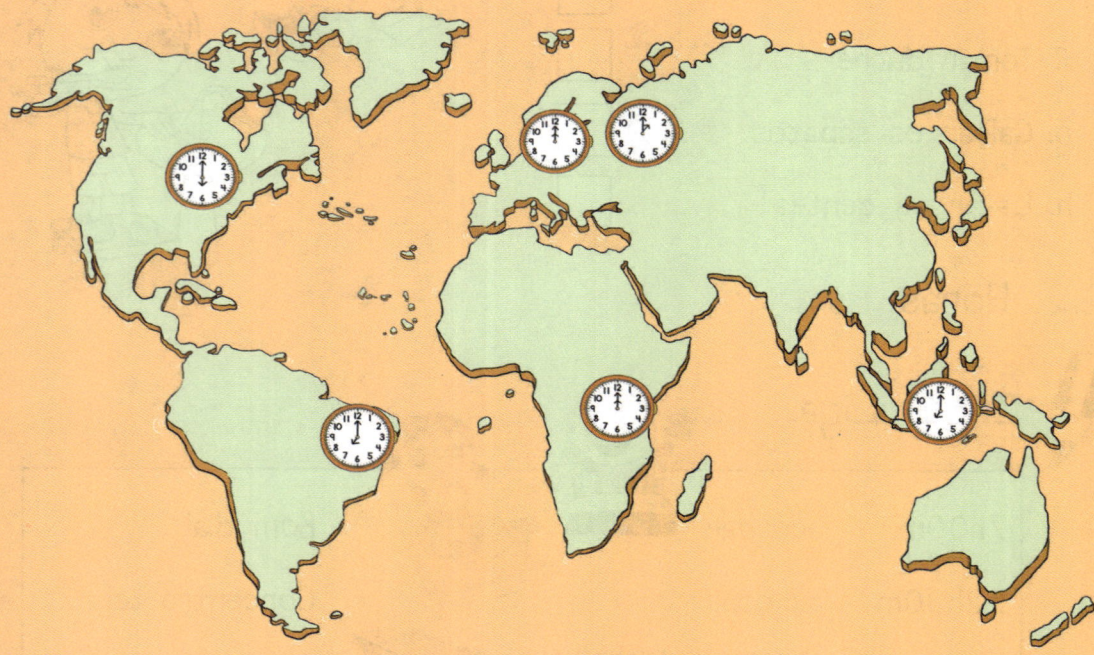

a. Que horas são em Nova Iorque, Estados Unidos? _____
b. Que horas são em Berlim, Alemanha? _____
c. Que horas são no Rio de Janeiro, Brasil? _____
d. Que horas são em Díli, Timor-Leste? _____
e. Que horas são em Moscovo, Rússia? _____
f. Que horas são em Maputo, Moçambique? _____

3. Expressões úteis

- O que fazes no teu dia a dia?
- A que horas é que te levantas?
- Que horas são?

4. Apresentação

4.1. A tua rotina

4.1.1. Descreve o teu dia da semana preferido.

_____
_____
_____
_____
_____
_____
_____
_____
_____
_____

f) Hora da história

Era uma vez...

1. Ouve e lê a história connosco.

O banho diário da princesa

Era uma vez uma princesa que gostava de tomar banho na varanda. Todos os dias a empregada punha a banheira na varanda e um prato para a princesa pôr os anéis. Um dia, durante o banho, um coelhinho branco roubou-lhe os anéis e fugiu. A princesa não se importou e foi buscar outros anéis ao cofre. Fez sempre isto, até que a princesa ficou sem nenhum anel no cofre. Ela ficou muito triste e o rei mandou chamar os melhores contadores de histórias do reino para animarem a princesa. Vieram muitos, mas ninguém conseguiu. Um dia, chegaram duas senhoras e contaram à princesa a sua aventura no caminho até ao palácio:

– Aqui perto, há um burro sem pés nem mãos, que carrega lenha. Fomos atrás dele e vimos que entrou e descarregou lenha na cozinha de uma casa. Lá dentro havia uma panela ao lume.

– Nós provámos a comida e ouvimos uma voz: "Não provem, que não é para vocês." Pelo buraco da fechadura, vimos um coelho. Quando ele tirou a pele, transformou-se num príncipe. Depois disse: "Quem me dera ver a dona dos anéis que tenho aqui!"

Ao ouvir esta história, a princesa ficou logo animada e disse ao pai que queria ir àquela casa. Foram lá todos juntos e viram o burro a fazer o mesmo. Entraram na casa e a princesa provou o que estava na panela. Nesse momento, ela ouviu:

– Prova que é para ti.

Ela espreitou pelo buraco da fechadura, as portas abriram-se, e o coelho disse-lhe:

– Quem me dera ver a dona dos anéis que tenho aqui!

A princesa respondeu:

– A dona sou eu.

Estas palavras quebraram o encantamento ao coelho e ele transformou-se em príncipe para sempre. As duas senhoras tornaram-se damas do palácio. O príncipe e a princesa casaram e foram muito felizes.

Fonte: Braga, Teófilo. *Contos Populares Portugueses* in *Biblioteca Digital Online*, pp. 78-79 (versão adaptada; título original: *O Coelho Branco*)

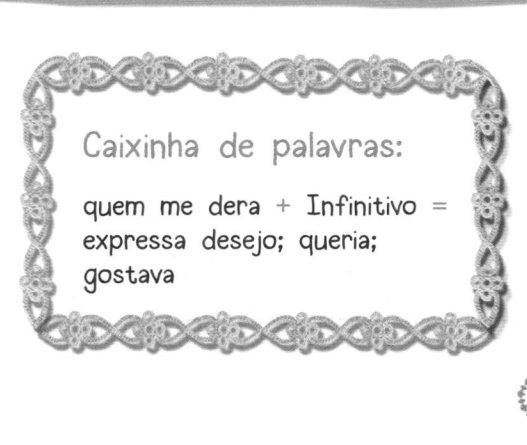

Caixinha de palavras:

quem me dera + Infinitivo = expressa desejo; queria; gostava

1.1. Quem diz o quê?

a. "Quem me dera ver a dona dos anéis que tenho aqui!"
b. "Há um burro sem pés nem mãos, que carrega lenha."
c. "A dona sou eu."

- as senhoras
- a princesa
- o coelho

1.2. Escolhe uma frase e ilustra-a.

- A princesa, triste, ouve as histórias.
- As senhoras vão atrás do burro.
- O coelho transforma-se em príncipe.

a) A nossa história

1. Ouve e lê.

Chegou a hora do lanche

Ao lanche, a Mariana e o João comem todos os dias um pão com manteiga ou doce, mas às quartas-feiras à tarde vão todos para a cozinha fazer um bolo. Eles adoram estas tardes na cozinha com a avó.

Primeiro, leem a receita, a seguir vão os dois buscar os ingredientes e os utensílios de cozinha necessários. Depois, a avó lê alto a receita e eles põem os ingredientes na tigela e misturam tudo muito bem.

Eles detestam quando a massa tem de levedar, porque têm sempre de esperar mais meia hora pela sua iguaria.

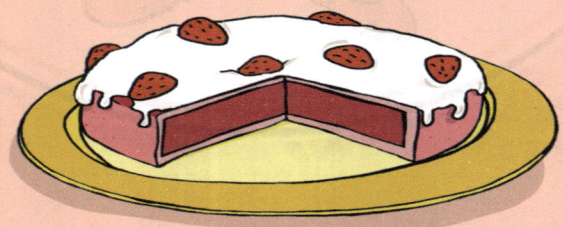

1.1. Liga e forma frases.

a. Ao lanche, a Mariana e o João gostam de
b. A avó Teresa faz
c. A massa do bolo demora

- comer uma sandes.
- 30 minutos a crescer.
- um bolo às quartas-feiras.

1.2. Ordena as sílabas e escreve o nome do alimento.

a. _____ çú-a-car

b. _____ vos-o

c. _____ te-lei

d. _____ le-ó-o

e. _____ ri-nha-fa

f. _____ te-cho-la-co

g. _____ men-to-fer

h. _____ tas-na

1.3. Lê a receita que a avó fez com os netos esta semana e tenta fazê-la em casa com a ajuda de um adulto.

BOLO DE CHOCOLATE

INGREDIENTES

250 g de manteiga
200 g de chocolate
250 g de açúcar
50 g de farinha
5 ovos
1 colher de chá de fermento
2 dl de leite morno

PREPARAÇÃO

1. Bate a manteiga até ficar cremosa.
2. Separa as claras das gemas, bate as claras e reserva.
3. Junta as gemas à manteiga e bate novamente.
4. Mistura o leite a este preparado.
5. Adiciona os restantes ingredientes e bate bem a massa.
6. Leva ao forno aquecido a 180° numa forma untada com manteiga durante cerca de 50 minutos.

Bom apetite!

2. O que é que tu e o teu colega comem habitualmente ao almoço e ao jantar? Sublinha com cores diferentes.

a salada   a sopa   a fruta   a massa

o arroz   as batatas   o pão

a piza   o peixe   a carne   o marisco

os ovos   o queijo   o fiambre

Eu _____
_____.

O meu colega _____
_____.

2.1. Partilha as respostas com a turma.

Ex.: O João come habitualmente sopa e fruta ao almoço e ao jantar.

2.2. Preenche a tabela com os alimentos que se seguem.

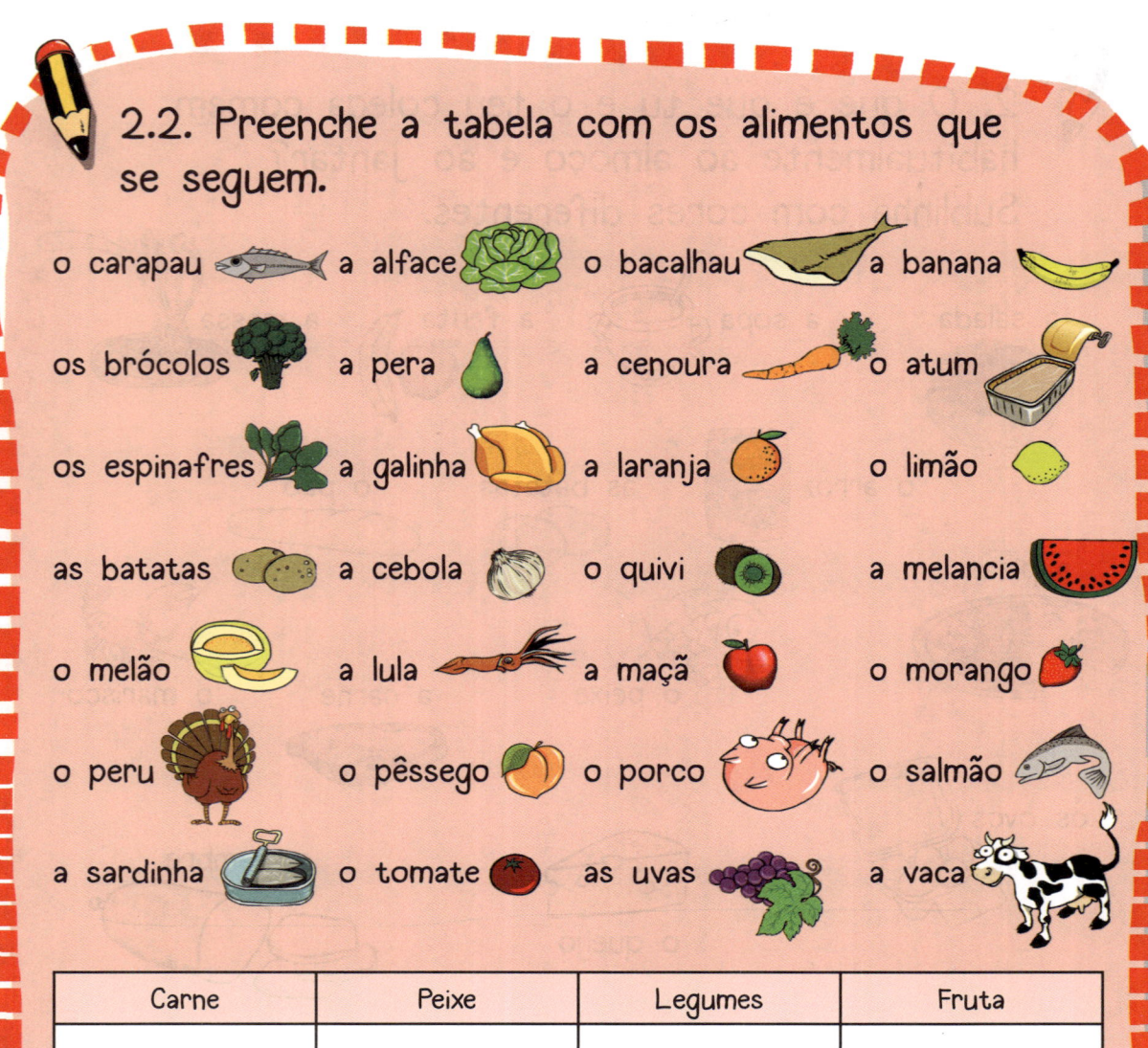

Carne	Peixe	Legumes	Fruta

2.3. O que é que tu bebes? E os teus pais? Preenche a tabela.

água   cerveja   leite   refrigerante
café   chá   vinho   sumo

	Pequeno-almoço	Almoço	Lanche	Jantar
Eu				
Os meus pais				

3. É a hora do jantar. Observa e descreve oralmente a imagem.

3.1. Preenche a tabela com os objetos seguintes.

o abre-latas   a batedeira   a colher de pau
o copo   a faca   a forma
o garfo   o guardanapo   a panela
o prato   o saca-rolhas   a taça
o tacho   a tesoura   a varinha mágica
a colher   o talher de sobremesa   a frigideira
a tigela   o alguidar   o jarro

Utensílios de cozinha	Objetos para pôr a mesa

4. Observa e liga.

a manteiga
o doce de morango
o bolo de chocolate
o fiambre
o ovo
os cereais
o iogurte

o sumo de laranja
o café
o mel
o leite
o pão
o queijo

4.1. O que é que tu tomas normalmente ao pequeno-almoço?

_____
_____
_____
_____

5. Lê o texto e responde às perguntas.

O senhor comilão

O senhor comilão
almoça e janta
de faca e garfo.

Legumes e frutas,
uma bela sobremesa;
e um guardanapo
esvoaçante sobre a mesa.

O senhor comilão
almoça e janta
de faca e garfo.

Muito pão e manteiguinha
batatinhas, arroz e massa.

Uma pesada refeição.
Mas fica muito satisfeito,
o senhor comilão.

Limonada para acompanhar
e um café para terminar.

O senhor comilão
tem sempre tempo para a sua refeição.

5.1. O que é que o senhor comilão come?
_____
_____
_____

5.2. O que é que o senhor comilão bebe?
_____
_____

5.3. Escreve um menu saudável para o senhor comilão.
_____
_____
_____
_____

6. Quais são as principais refeições do dia? Liga e descobre as palavras.

lan   -almoço
al   tar
pequeno-   moço
jan   che

a. de manhã _____ b. ao meio-dia _____
c. à tarde _____ d. à noite _____

b) Nas aulas de Português

1. Lê e assinala V (verdadeiro) ou F (falso).

À mesa:
— Este guardanapo aqui é meu! — diz a Mariana ao João.

    a. O guardanapo está perto da Mariana. ☐
    b. O guardanapo está longe da Mariana. ☐

À mesa:
— Queres mais uma peça de fruta, João? — pergunta a avó.
— Sim, quero essa banana aí, por favor — responde o João.

    c. A banana está perto do João. ☐
    d. A banana está perto da avó. ☐

No supermercado:
— Avó, que peixe é aquele? — pergunta o João.
— Qual? Aquele ali? — pergunta a avó. — É sardinha. Aquele peixe ali é sardinha.

    e. A sardinha está longe do João. ☐
    f. A sardinha está longe da avó. ☐

1.1. Completa a regra, riscando o que não se aplica.

a. Usa-se este/esta aqui quando estás perto/longe daquilo a que te referes.

b. Usa-se esse/essa aí quando a coisa a que te referes está perto/longe do teu interlocutor.

c. Usa-se aquele/aquela ali quando tu e o teu interlocutor estão perto/longe da coisa a que te referes.

2. Seleciona a hipótese correta e completa as frases.

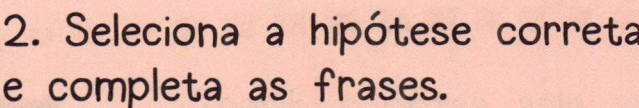

| este ... aqui | esse ... aí | aquele ... ali |
| esta ... aqui | essa ... aí | aquela ... ali |

a. João, dá-me _____ revista _____ ao teu lado.
b. Mariana, olha para _____ carro _____, é tão giro! Vês?
c. Avozinha, olha para a minha mão, parti _____ copo _____. Espero que não fiques triste!

Aprende, faz e serás um ás

Os determinantes demonstrativos este, esta, aquele, aquela, esse e essa ajudam a localizar os objetos e os advérbios de lugar aqui, ali e aí reforçam a posição do objeto.

Ex.: Essa revista aí que tu tens na mão é excelente.
Este carro aqui é desportivo.
Aquele restaurante ali é ótimo.

e) Na tua sala de aula

1. O que é que eles estão a dizer?
Liga as frases às imagens.

— Ajuda-me a saltar este muro!

— Anda-me apanhar!

— Não bebas o meu sumo!

— Abre a janela! Está calor!

— Telefona à mamã para nos vir buscar!

— Não escrevas no meu caderno!

1.1. O que é que eles estão a fazer? Assinala.

a. Fazer pedidos ☐
b. Dar ordens ☐
c. Fazer perguntas ☐
d. Fazer amigos ☐

Aprende, faz e serás um ás

O Imperativo "tu" nas frases afirmativas é igual a "ele" (3.ª pessoa do singular) no Presente do Indicativo.

Ex.: Ao jantar ele come sempre a sopa toda. (Presente do Indicativo)
Come a sopa toda! – diz a mãe. (Imperativo)

1.2. Preenche a tabela dos verbos regulares no Imperativo.

Presente do Indicativo			Imperativo		
Falar	Ele	fala	Falar	Tu	_____!
Comer	Ele	come	Comer	Tu	_____!
Abrir	Ele	abre	Abrir	Tu	_____!

1.3. Completa as frases.

a. David, _____ (abrir) a janela! — diz a mamã.
b. Mariana, _____ (telefonar) à Marie para vir jantar cá a casa — diz a mamã.
c. João, _____ (beber) o leite todo antes de saíres para a escola — diz a mamã.

1.4. Preenche.

Imperativo (tu)	A avó Teresa diz ao João: a. Não comas chocolate antes do jantar. _____ (comer) a sopa toda! b. Não bebas refrigerantes! _____ (beber) água e sumo de fruta fresca! c. _____ (não abrir) o pacote de bolachas!
Imperativo (vocês)	A professora Sofia diz à turma do David e da Marie: d. Pintem o desenho direitinho! _____ (não pintar) por fora da linha preta! e. Não escrevam fora das linhas! _____ (escrever) com letra cuidada! f. _____ (não falar) tão alto! Falem mais baixo e mais devagar! g. _____ (não juntar) os números com as figuras! Juntem as imagens às palavras! h. Não copiem o parágrafo quatro! _____ (copiar) o parágrafo cinco para o vosso caderno!

Aprende, faz e serás um ás

Nas frases negativas e para a 2.ª pessoa do singular, os verbos terminados em -ar têm a terminação -es, e os verbos terminados em -er e -ir têm a terminação -as.

Ex.: Não pintes o desenho todo de amarelo. (pintar)
Não bebas refrigerantes. (beber)
Não abras a janela agora. (abrir)

2. Lê as falas com alguns verbos irregulares no Imperativo.

"Não faças asneiras. Faz os trabalhos de casa."

"Não sejas mal-educado! Sê bem-educado."

"Não falem com o colega do lado! Ouçam com atenção!"

"Digam a resposta certa!"

"Ai! Isto é tão complicado!"

"Os verbos irregulares não têm regra e, por isso, chamam-se irregulares. Têm mesmo de ser decorados e praticados. Mas agora já sabes alguns."

3. Segue o exemplo e liga os verbos.

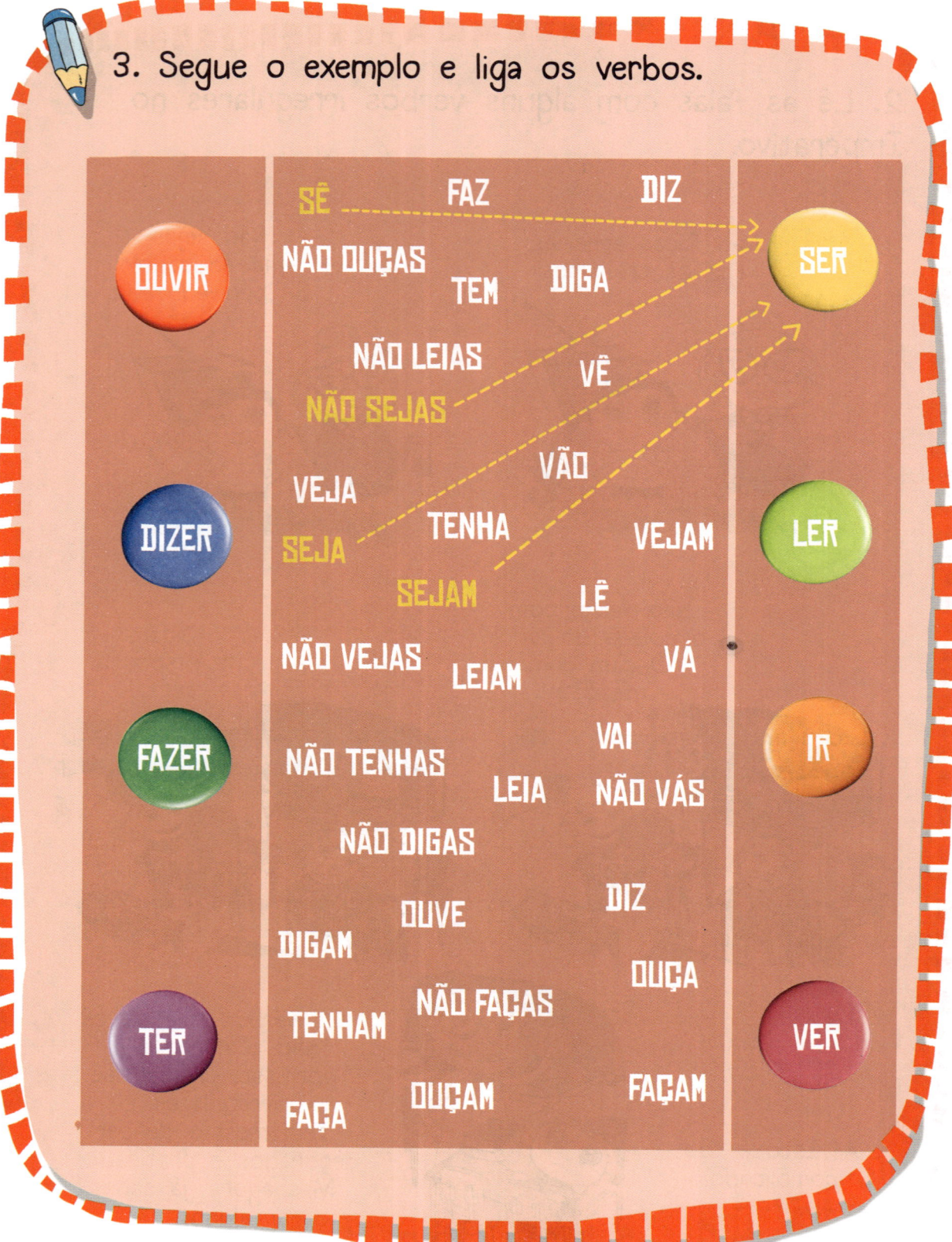

4. Completa as frases.

a. _____ (não ser) chato!

b. _____ (não ter) medo!

c. _____ (ver) este cromo.

d. _____ (ir) ajudar a tua irmã.

e. _____ (dizer)-nos o que sai no teste, por favor!

f. _____ (ter) paciência.

g. _____ (fazer) um novo teste, por favor! Este não correu bem.

h. _____ (ir) com a nossa turma ao cinema.

i. _____ (fazer) os trabalhos de casa!

j. _____ (ouvir) o texto!

k. _____ (ler) o livro até à página 3.

l. _____ (dizer) os números até 10.

4.1. Completa as frases.

a. João, _____ -me (dizer) as horas, por favor — diz a Mariana.
b. _____ (ouvir) a professora com atenção! — diz a mãe.
c. Mariana, _____ (fazer) um bolo para dar de prenda à avó!
d. ___ (ser) bonzinho para os outros meninos! — diz a avó ao João.

5. Joga o jogo do "Quente e Frio!", e dá as orientações ao teu colega: vira à direita, vira à esquerda; anda 1 metro, 50 centímetros; para; abre a janela, abre a porta; vai até à porta, ao armário, à esquina, etc...

d) Em casa da avó

1. Ouve e lê.

Uma dieta saudável

O João tem um vizinho que come muitos doces, não faz desporto e joga videojogos todos os fins de semana sentado no sofá.
Ele não é muito simpático, come muitas batatas fritas, hambúrgueres e bebe refrigerantes. Não gosta de beber água, nem de comer saladas, sopas e fruta.
O João, às vezes, também come batatas fritas, mas a mãe dele não gosta muito porque não faz bem. Ela ensina o João que comer de forma saudável é muito bom para a saúde e que os vegetais e fruta são importantes para meninos desportistas que precisam de fibras. Comer bem também faz bem ao humor. Quando não ingerimos suficientes vitaminas e minerais, sentimo-nos mais cansados e menos positivos.

1.1. Assinala V (verdadeiro) ou F (falso).

1.1.1. O vizinho do João

a. não come doces.
b. passa muito tempo no sofá.
c. gosta de beber água.
d. gosta de comer hambúrgueres.
e. não come saladas, nem frutas, nem sopa.

1.1.2. Comer frutas e legumes faz bem porque

a. os meninos ficam mais gordos.
b. têm muitas vitaminas e minerais.
c. os meninos desportistas precisam de fibras.
d. os meninos ficam mais alegres.
e. os meninos ficam menos cansados.

2. Corrige o erro nas frases abaixo.

a. A piza são uma comida típica italiana. _____
b. Comer piza todos os dias fazem mal à saúde. _____
c. Dois limões custa 2 euros. _____
d. Eles toma o pequeno-almoço na cozinha. _____
e. Ela gostam de fruta. _____

3. Risca o que não pertence.

a. água / sumo / chá / pão
b. melancia / uva / bife / pêssego
c. bolo / fruta / chocolate / gelado
d. café / chá / peixe / sumo de maçã
e. bolacha / marmelada / doce de abóbora / geleia

e) **Já sei!**

Nesta unidade aprendi:

1. Gramática

1.1. Determinantes demonstrativos

1.1.1. Observa as imagens e seleciona as hipóteses corretas.

a. Eu quero _____ bolo _____ .
   (este/aqui, esse/aí, aquele/ali)

b. _____ bicicleta _____ é minha.
   (esta/aqui, essa/aí, aquela/ali)

c. _____ livros _____ são do David.
   (estes/aqui, esses/aí, aqueles/ali)

d. _____ receitas _____ são da avó.
   (estas/aqui, essas/aí, aquelas/ali)

e. Marie, _____ vestido _____ é tão bonito!
   (este/aqui, esse/aí, aquele/ali)

f. Quanto custa _____ melancia _____ ?
   (esta/aqui, essa/aí, aquela/ali)

1.2. Imperativo

1.2.1. Ordena as palavras e constrói frases no Imperativo.

a. Marie / . / não comer / tantos doces / ,
_____

b. João e Mariana / , / abrir / os livros / .
_____

c. . / Avó / comprar(-me) / , / um chocolate
_____

d. Meninos / não beber / tão / . / depressa / ,
_____

1.3. Verbos irregulares dizer, fazer, ser, ouvir

1.3.1. Completa as frases com diz, façam, faz, ouve, ouçam, sejas.

a. Mariana, não _____ gulosa!

b. João e Mariana, não _____ hoje mais um bolo! Já comeram doces demais.

c. João, _____ quando a tua mãe está a falar!

d. Mariana, _____ ao João para comer devagar.

e. _____ a cama! Não te esqueças.

f. _____ música e divirtam-se!

2. Vocabulário

2.1. Alimentos

2.1.1. Identifica o que é preciso comprar.

2.1.2. Descobre seis utensílios de cozinha.

```
b g a r f o n b o e g p h p m f c
t b m d m k l a b l a a u c l a m
i h j o j l j p e f p h c o f c b
g a a d w o q a m e a s a q i a a
e d h l k g p m o q n r z n o l m
l c k o b e i j m k e f c i p n i
a j b d h p g t h i l g e o o b o
p f f a r t e h q a a a i a l f n
f n c p e s g h i q b u b r j e u
k o q s k m h x k r b m f o r m a
d b m q o d g j n i n b j l s r h
i s b a t e d e i r a d a n e m s
```

3. Expressões úteis

- Qual é o teu prato preferido?
- Esta maçã aqui é muito saborosa!
- Esse livro de culinária aí é interessante!
- Aquele restaurante ali é caro!

4. Apresentação

4.1. Hábitos alimentares

4.1.1. Faz um inquérito na turma e procura saber o que cada aluno come. No final do exercício conta quantos alunos comem o mesmo alimento e reporta à turma.

Pequeno-almoço	Almoço/Jantar
Leite	Arroz
Pão	Batatas
Manteiga	Massa
Doce de fruta	Carne
Cereais	Peixe
Iogurte	Sopa de legumes
Fruta	Salada
Sumo	Água

4.1.2. Pergunta ao teu colega o que é que para ele é uma refeição completa e saudável.

_____
_____
_____
_____
_____

f) Hora da história

1. Ouve e lê a história connosco.

Comida sem sal

Era uma vez um rei que tinha três filhas. Um dia, o rei quis saber qual delas gostava mais dele. Ele perguntou à filha mais velha:
— Gostas de mim?
— Gosto mais de si do que da luz do Sol!
O rei ficou satisfeito e perguntou à segunda filha:
— Gostas de mim?
— Gosto mais de si do que da saúde!

O rei ficou satisfeito e perguntou à filha mais nova:
– Gostas de mim?
– Gosto tanto de si como a comida gosta do sal.

O pai ficou irritado com a resposta, pensou que a filha estava a gozar com ele, e mandou-a embora do palácio.

Muito triste, a princesa foi sozinha a pé até outro reino. O rei deste reino só tinha um filho. A menina ficou a trabalhar na cozinha do castelo.

Um dia ela teve de fazer um bolo para o príncipe. Ao amassar o bolo, o seu anel caiu na massa do bolo.

O príncipe recebeu uma fatia do bolo e encontrou o anel da menina.

– Que lindo anel! De quem é?

No castelo ninguém sabia responder.

O príncipe ficou doente e não comeu durante vários dias. A rainha, sua mãe, não sabia o que fazer. A menina pediu à rainha para fazer um bolo para o príncipe. E a rainha disse:

– Sim, faz o melhor bolo que sabes fazer.

Na massa do bolo a menina colocou outro anel.

Mais tarde, o príncipe comeu uma fatia de bolo e encontrou o anel. Chamou logo a seguir a pasteleira do castelo. A menina vestiu a sua roupa de princesa e apareceu na sala. O príncipe ficou logo melhor e quis casar com ela. E a princesa pediu duas coisas: convidar o seu pai para o casamento e fazer a comida para ele.

O pai da princesa foi à festa, mas não sabia que a noiva era a sua filha. No jantar havia muita comida saborosa. Todos estavam felizes com o jantar, menos o pai da princesa:

– A minha comida não tem sal. Sem sal, não se vive.

O príncipe chamou a princesa porque ela foi a cozinheira do jantar do pai. A princesa apareceu e o seu pai ficou surpreendido. A princesa disse:

– A comida gosta muito do sal, não gosta? Pois. É assim que eu gosto de si, meu pai.

O rei arrependeu-se, abraçou a filha e fizeram as pazes. Ele deu ao príncipe um grande dote e deixou a esta filha a coroa do seu reino.

Fonte: Braga, Teófilo. *Contos Populares Portugueses* in *Biblioteca Digital Online*, pp. 122-123 (versão adaptada; título original: *O Sal e a Água*)

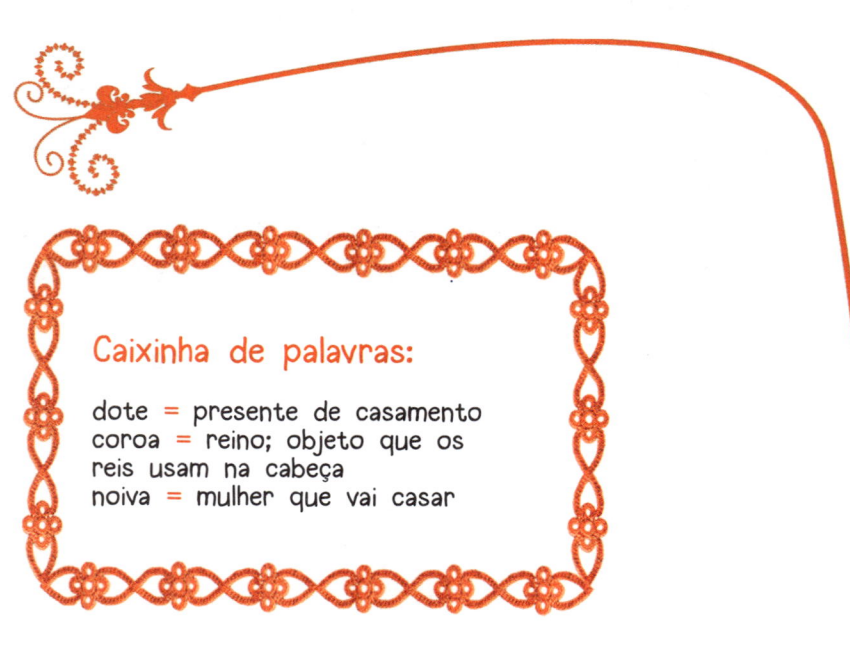

Caixinha de palavras:

dote = presente de casamento
coroa = reino; objeto que os reis usam na cabeça
noiva = mulher que vai casar

1.1. Sublinha o que está certo de acordo com a história.

a. O rei tem três filhas e a princesa mais nova gosta/não gosta muito dele.

b. A jovem princesa vai viver/trabalhar para o rei de um grande reino.

c. Ao cortar uma fatia de bolo, o príncipe encontra um colar/anel lá dentro.

d. A princesa casa-se com o príncipe e convida as suas irmãs/o seu pai para a festa de casamento.

e. Na festa, o rei come comida com/sem sal.

f. No final, o rei abraça/beija a filha.

1.2. O que precisa de sal? Assinala.

a. Sopa ☐
b. Gelatina de ananás ☐
c. Arroz de marisco ☐
d. Bacalhau com natas ☐
e. *Mousse* de chocolate ☐
f. Pastel de nata ☐

1. Quais são os teus desejos de Natal? Escreve-os e pinta a imagem.

2. Completa a história com as palavras: Pai Natal, estrela, chaminé, presentes, árvore de Natal.

O _____ tem barbas branquinhas.
Na noite de Natal ele desce pela _____ quando os meninos estão escondidos ou já estão a dormir. A árvore de Natal tem luzes coloridas e uma _____ no topo.
Quando o Pai Natal vai embora, a _____ fica cheia de _____.

Estou ansioso pelo meu.

3. Corrige o postal de Natal. Tem cinco erros.

PORTUGAL

Querido amigo,

Como estás?

Este nao celebrei o Natal no Algarve.

Os meus avós são do Alvor e eu gosto muito a comida algarvia no geral e no Natal em particular.
O que eu gosto mais de comer no Natal do algarve são as broas de milho.
Há concertos de natal, festas e visitas à família. É muito divertido.
O que é que tu fizeste no Natal?

Desejei-te um feliz Natal na companhia da tua família e muitos presentes!

Abracinhos e bom Natal
David

REPRODUÇÃO PROIBIDA

1. Desenha um Postal de Ano Novo para os teus amigos ou família. Não te esqueças de escrever uma mensagem especial.

1. Desenha uma máscara.

2. Completa a história com as palavras: máscara, brincadeiras, bombinhas de água e Entrudo.

No dia de Carnaval não há escola. Eu tenho uma _____ de palhaço.
Amanhã vou festejar na escola com os meus amigos, vou pintar o meu nariz de vermelho, brincar com _____ e fazer _____ de Carnaval. Este dia também é chamado de _____.

1. Pinta o certificado de melhor pai do mundo. Escreve três razões pelas quais o teu pai é o melhor do mundo.

Por minha decisão estou a entregar este

Certificado de Reconhecimento de Melhor Pai do Mundo

Ao Sr. _____ (meu pai)
pelos seus importantes méritos, e por estas 3 razões:
★ _____
★ _____
★ _____

_____
assinatura

1. Pinta os ovos da Páscoa a teu gosto.

2. Completa a história com as palavras: folar, amêndoas, domingo, madrinha e padrinho.

A Páscoa é sempre a um _____. É uma festa com muitos doces: os meninos levam um ramo de flores à _____. O _____ e a madrinha dão um _____ da Páscoa aos meninos. Também comemos muitas _____. Na Páscoa temos sempre férias da escola, e em Portugal normalmente já faz bom tempo. Que bom!

3. Como se celebra a Páscoa no teu país? Escreve um texto sobre o tema. Usa, entre outras, as palavras seguintes:
coelho, ovos, cesta, sino, chocolate.

_____
_____
_____
_____
_____

4. Organiza uma caça ao ovo da Páscoa.

a. O professor pede aos alunos para saírem da sala.
b. Ele esconde os ovos em número correspondente ao número de alunos.
c. O professor chama os alunos e dá-se início à caça aos ovos.
d. Cada vez que um aluno encontra um ovo, senta-se no seu lugar.

1. Faz um postal para a tua mãe. Faz um desenho especial e escreve o nome da tua mãe na vertical. Para cada letra procura um adjetivo bonito para a caracterizar. Segue o exemplo.

Maravilhosa / **A**miga / **R**adiante / **I**nteligente / **A**tiva

ABC dos adjetivos para o Dia da Mãe

Amiga (amável, amorosa, alegre, agradável, atenciosa)
Bonita (bondosa, boa)
Carinhosa (calma, corajosa, companheira, comunicativa, criativa)
Divertida (doce, dedicada, dócil, determinada, disponível)
Especial (esperta, engraçada, encantadora, educada, elegante)
Feliz (fofa, fiel, fabulosa, forte)
Gentil (graciosa, generosa)
Honesta (humilde, hábil)
Inteligente (interessante, independente)
Justa (jeitosa, jovial, janota, jovem)
K
Linda (leal, livre)
Maravilhosa (meiga, magnífica, modesta)
Nobre (natural)
Ótima (otimista, organizada, ousada)
Perfeita (preciosa, positiva, paciente, pacífica, prestável)
Querida
Risonha (respeitadora, responsável, racional)
Simpática (sorridente, sábia, sensível, sincera, solidária)
Tranquila (tolerante, tímida, trabalhadora, talentosa)
Única (útil, unida)
Valente (verdadeira, vaidosa, vencedora)
W
X
Y
Zelosa

1. Pinta e legenda os países de língua portuguesa.

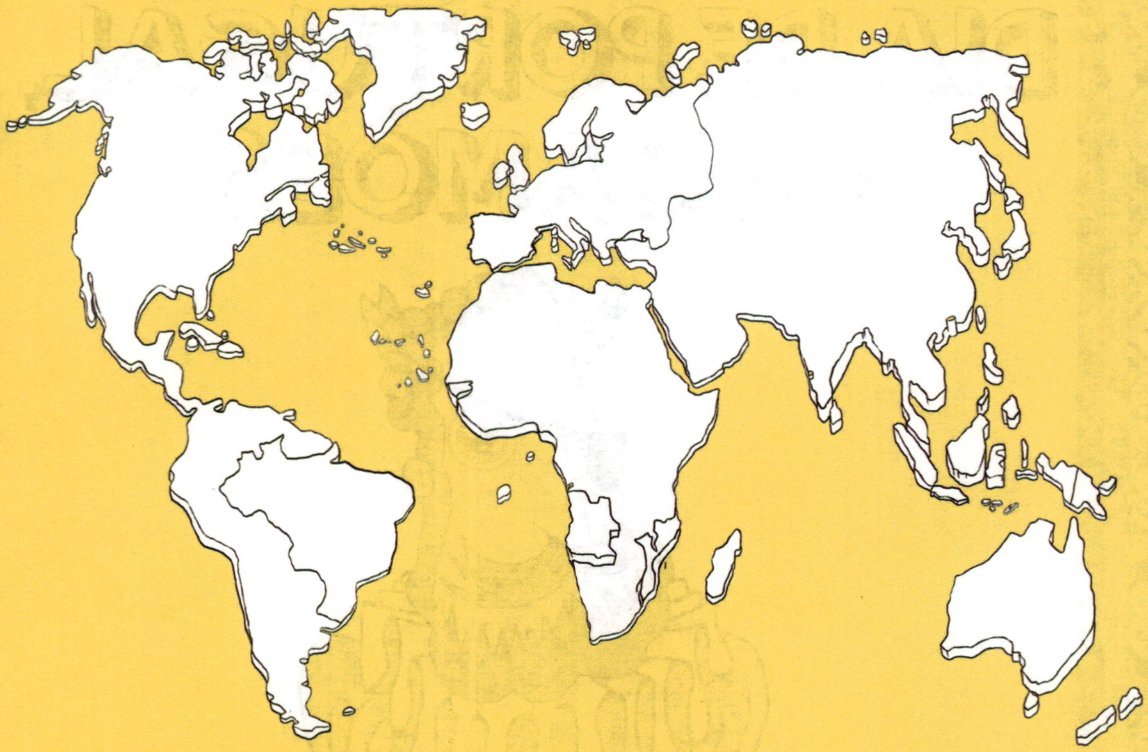

Lista de Faixas Áudio

Unidade 1: Quem somos?

Faixa 1 – Quem somos? – pág. 10

Faixa 2 – Ouve e completa – pág. 12

Faixa 3 – A festa de anos – pág. 19

Faixa 4 – Clarinha – pág. 28

Faixa 5 – Quem somos? – Caderno de Exercícios – pág. 11

Unidade 2: A escola

Faixa 6 – Na escola – pág. 32

Faixa 7 – O pião – pág. 40

Faixa 8 – O aluno do mágico – pág. 55

Faixa 9 – Na escola – Caderno de Exercícios – pág. 24

Unidade 3: Tempos livres

Faixa 10 – Planos para o fim de semana – pág. 60

Faixa 11 – Ouve e completa – pág. 69

Faixa 12 – A loja do mestre André – pág. 73

Faixa 13 – Os brinquedos mágicos – pág. 82

Faixa 14 – Atividades de tempos livres – Caderno de Exercícios – pág. 37

Faixa 15 – Instrumentos musicais – Caderno de Exercícios – pág. 43

Unidade 4: Desportos e brinquedos

Faixa 16 – Os desportos favoritos do David – pág. 88

Faixa 17 – Todos os patinhos – pág. 89

Faixa 18 – Ouve e lê o diálogo – pág. 94

Faixa 19 – Os desportos das três mourinhas – pág. 110

Faixa 20 – Desportos – Caderno de Exercícios – pág. 48

Faixa 21 – Brinquedos – Caderno de Exercícios – pág. 51

Unidade 5: A rotina diária

Faixa 22 – A rotina diária do João e da Mariana – pág. 114

Faixa 23 – Ouve, lê e liga – pág. 125

Faixa 24 – O banho diário da princesa – pág. 136

Faixa 25 – A rotina diária – Caderno de Exercícios – pág. 58

Unidade 6: Alimentação

Faixa 26 – Chegou a hora do lanche – pág. 140

Faixa 27 – Uma dieta saudável – pág. 159

Faixa 28 – Comida sem sal – pág. 166

Faixa 29 – Refeições – Caderno de Exercícios – pág. 72